nuevas
narraciones
españolas **1**

JUAN D. LUQUE DURÁN
LUCÍA LUQUE NADAL

nuevas narraciones españolas **1**

NIVEL ELEMENTAL

SGEL

SOCIEDAD GENERAL ESPAÑOLA DE LIBRERÍA, S. A.

Primera edición en 2001
Cuarta edición en 2006

Produce: SGEL - Educación
Avda. Valdelaparra, 29
28108 ALCOBENDAS (Madrid)

© Juan de Dios Luque Durán y Lucía Luque Nadal, 2001
© Sociedad General Española de Librería, S. A., 2001
Avda. Valdelaparra, 29 - 28108 ALCOBENDAS (Madrid)

ISBN: 84-7143-870-4
Depósito Legal: M. 34.494-2006
Printed in Spain - Impreso en España

Composición e impresión: Nueva Imprenta, S. A.

CONTENIDO

PRESENTACIÓN

Aprender y enseñar una lengua no ha de ser necesariamente una tarea aburrida y fatigosa. Una manera amable de crear interés por la lengua española en el estudiante es ofrecerle textos fáciles que le permitan introducirse gradualmente en el español para ir adquiriendo de forma progresiva un mejor dominio de este idioma. Esta manera fácil de aprender español exige, pues, la utilización de textos graduales en complejidad léxica y gramatical, que además posean un contenido humorístico que motive al lector a leerlos hasta el final.

En las *Nuevas Narraciones Españolas* se reproduce el habla coloquial y diaria de los españoles y se presentan numerosas situaciones que ilustran distintos aspectos del carácter español y de la vida en España. La mayoría de las narraciones cuentan las aventuras de Tobías, peculiar personaje que, junto a su familia y amigos, nos introduce en la vida cotidiana de un pueblo típico español, con sus gentes y sus costumbres.

Estas *Nuevas Narraciones Españolas* se estructuran en cuatro niveles: Nivel elemental; Nivel medio; Nivel avanzado y Nivel superior. Lo que caracteriza a cada nivel sucesivo no es sólo la limitación del vocabulario, sino también la simplicidad gramatical y estructural de las historias. Dichas historias contienen numerosos ejemplos de las estructuras sintácticas y la morfología gramatical más frecuente en español. Se ha prestado un especial interés en repetir aquellas palabras y estructuras que aparecen con mayor frecuencia en la lengua española. Las expresiones idiomáticas y coloquiales que aparecen se explican al final del texto.

Cada uno de los libros contiene 50 historias, de extensión variable según el grado de dificultad, que van acompañadas de ejercicios de explotación del texto. Así mismo, existe al final de cada libro un glosario de todas las palabras con su correspondiente traducción al inglés.

LOS AUTORES

1 FAMILIARES

Rogelio, un amigo y compañero de **tertulia** de Tobías, fue a visitarle una tarde a su casa. Lo encontró en el **patio trasero,** sentado en un cómodo sillón, leyendo un libro y fumando una pipa. Rogelio, al ver que Tobías estaba descansando sin que nadie le molestara, dijo:

—Tobías, no sé cómo lo haces. Siempre que vengo a verte te encuentro tranquilo y sin problemas. Sin embargo, mi casa siempre está llena de familiares míos o de mi mujer. Un día son mis tíos y sobrinos, que vienen a merendar sin que nadie los haya invitado; otro día son mis cuñadas y sus maridos, que deciden venir a estar toda la tarde con nosotros y quedarse a cenar. Mis **cuñados** se beben mi mejor vino y mis sobrinos juegan y corren por toda la casa **alborotando** y molestando. Yo, en mi casa, no puedo descansar ni un segundo y, sin embargo, a ti no viene a verte ningún familiar.

—Bueno —dijo Tobías—, como todas las cosas en la vida, es cuestión de astucia: cuando vienen a verme los parientes ricos, les cuento mis desgracias y les pido dinero prestado. Cuando vienen a verme los parientes pobres, les presto dinero. El resultado es que ni los unos ni los otros vuelven por aquí.

1. Expresiones y léxico

tertulia: reunión de amigos que se juntan habitualmente en un café para conversar.
patio trasero: patio situado en la parte de detrás de la casa.
cuñado: hermano del marido o de la mujer.
alborotar: hacer ruido, molestar.

2. Actividades de comprensión

— ¿Quién era Rogelio?
— ¿Dónde encontró Rogelio a Tobías?
— ¿Qué estaba haciendo Tobías allí?
— ¿En qué ambiente estaba Tobías?
— ¿Qué dijo Rogelio, lamentándose, a Tobías?
— ¿Cómo está siempre la casa de Rogelio?
— ¿Quiénes van a merendar a casa de Rogelio?
— ¿Qué hacen los cuñados de Rogelio?
— ¿Qué hacen los sobrinos de Rogelio?
— ¿Qué es lo que no puede hacer Rogelio en su casa?
— ¿Qué pasa, por el contrario, en la casa de Tobías?
— ¿Cuál era la astucia que utilizaba Tobías para que no viniera a verle ningún familiar?

3. Temas para debate

— La hospitalidad.
— Las relaciones familiares.

2 EL HELADERO DE VILLABAJO

Entre los habitantes de Villarriba, el pueblo de Tobías, y los de Villabajo existía desde siempre una gran **enemistad**. Los dos pueblos estaban próximos y surgía **rivalidad** por cualquier motivo. Había rivalidad entre los equipos de fútbol, entre las **bandas** de música, entre las fiestas que organizaban unos y otros, etc. Ocurría, incluso, que en las fiestas de un pueblo no se permitía que los mozos del pueblo vecino bailaran con las chicas del lugar. En algunas discotecas de Villabajo no se dejaba entrar a los jóvenes de Villarriba, con el **pretexto** de que eran unos **alborotadores**. Y lo mismo ocurría en Villabajo.

Un día, Tobías fue de visita al pueblo vecino de Villabajo. Allí pasó por delante de una heladería que un vecino de Villarriba había abierto con un socio de Villabajo. Se quedó muy asombrado cuando vio que en la puerta había un cartel que decía: *Prohibida la entrada a toda persona de Villarriba*. Molesto, Tobías se decidió a entrar para **quejarse** a su conocido:

—Epifanio, mal está que te hayas venido a trabajar a un sitio que no es tu pueblo, pero que prohíbas entrar a tus **paisanos**, me parece imperdonable.

—Pero ¡si yo aprecio mucho a mis paisanos y lo hago por su bien! ¿Has probado alguna vez nuestros helados?

1. Expresiones y léxico

enemistad: odio entre dos o más personas.
rivalidad: competencia.
banda: grupo o conjunto de músicos.
mozo: hombre joven.
pretexto: excusa, motivo.
alborotador: persona que molesta con gritos o ruidos.
quejarse: expresar oposición, rechazo.
paisano: persona del mismo pueblo, ciudad o país.

2. Actividades de comprensión

— ¿Qué existía entre los habitantes de Villarriba y los de Villabajo?
— ¿Por qué había rivalidad entre los dos pueblos?
— ¿En qué se notaba?
— ¿Adónde fue Tobías?
— ¿Por dónde pasó?
— ¿Por qué se quedó sorprendido?
— ¿Qué ponía en el cartel?
— ¿Qué hizo Tobías después de leerlo?
— ¿Qué le dijo a su amigo Pepe?
— ¿Qué le contestó Pepe a Tobías?

3. Temas para debate

— Los nacionalismos.
— La xenofobia.
— La intolerancia.

3 LA TIENDA DE ULTRAMARINOS DEL PADRE DE TOBÍAS

El padre de Tobías era un hombre pobre, que había luchado toda la vida para mejorar su **posición** económica. Trabajó durante muchos años y consiguió ahorrar el dinero suficiente para comprar una pequeña **tienda de ultramarinos,** de la que estaba muy orgulloso. Era ya muy anciano cuando se puso de repente muy enfermo. Todos en la familia se preocuparon porque temieron que a su edad la enfermedad fuera mortal.

El padre de Tobías **yacía** en su cama, en una habitación del piso superior de la casa. Toda la familia estaba reunida a su alrededor. El **moribundo** preguntó con voz débil:

—Encarna, mi querida esposa, ¿estás tú junto a mí?

—Sí, querido —contestó ella.

—Tobías, mi hijo mayor, mi sucesor, ¿estás aquí?

—Sí, padre, aquí estoy.

—Y tú, Asunción, hija mía, ¿estás aquí?

—Sí, papá, estoy aquí.

El anciano, **rojo de ira** y haciendo un esfuerzo, gritó:

—Y entonces, ¿**quién demonios** está abajo, cuidando de la tienda?

1. Expresiones y léxico

posición: situación, nivel económico y social.

tienda de ultramarinos: tienda en la que se venden alimentos.

yacer: estar tumbado en una cama o en el suelo.

moribundo: hombre que se está muriendo.

rojo de ira: muy enfadado, con la cara roja.

quién demonios: la palabra demonios refuerza la interrogación.

2. Actividades de comprensión

— ¿Cómo era el padre de Tobías?

— ¿Por qué había luchado el padre de Tobías toda la vida?

— ¿Qué consiguió ahorrar, tras años de trabajo?

— ¿Qué hizo con el dinero ahorrado?

— ¿Qué le pasó al padre de Tobías siendo ya muy anciano?

— ¿Por qué se preocuparon todos en la familia?

— ¿Dónde yacía el padre de Tobías?

— ¿Quiénes estaban reunidos a su alrededor?

— ¿Por quién preguntó en primer lugar el padre de Tobías?

— ¿Qué contestó Encarna?

— ¿Por quién preguntó el padre de Tobías por segunda y tercera vez?

— ¿Qué le pasó cuando se dio cuenta de que toda la familia estaba allí con él?

— ¿Qué preguntó, muy enfadado?

3. Temas para debate

— La avaricia.

4 CONTESTAR CON «SÍ» O CON «NO»

Dos familias del pueblo de Tobías se peleaban desde hacía tiempo por los derechos de unas tierras. Un día hubo una nueva pelea entre las dos familias y varias personas resultaron heridas. Tobías fue llamado como testigo por un juez, conocido por su severidad y su mal carácter. El juez, al comenzar el juicio, dijo:

—Quiero terminar este juicio rápidamente, así que no quiero **divagaciones.** Respondan a todo lo que se les pregunte con un simple *sí* o *no.*

Entonces, Tobías pidió permiso para hablar y dijo:

—Señor juez, es imposible contestar a todas las preguntas sólo con *sí* o *no*.

—Escúcheme **atentamente,** señor testigo: usted no sólo puede, sino que debe contestarlas, o de lo contrario será **sancionado** por este tribunal.

—Señor juez —dijo Tobías—, ¿puedo hacerle una pregunta para demostrarle que no siempre se puede contestar con *sí* o *no*?

—No sé para qué va a servir; pero, en fin, sí, puede hacerla —contestó el juez.

—Señor juez, ¿ha dejado usted ya de pegar a su mujer cuando vuelve borracho a casa, sí o no?

1. Expresiones y léxico

divagación: imprecisión, rodeo.
atentamente: con mucha atención e interés.
sancionado: multado, castigado.
dejar de: terminar, parar, no seguir con lo que se estaba haciendo.

2. Actividades de comprensión

— ¿Quiénes se peleaban en el pueblo de Tobías?
— ¿Por qué se peleaban las familias?
— ¿Qué hubo un día?
— ¿Qué pasó en la pelea?
— ¿Adónde fue llamado Tobías?
— ¿Cómo era el juez que le llamó?
— ¿Qué le exigió el juez a Tobías?
— ¿Qué le respondió Tobías?
— ¿Qué hizo Tobías finalmente para convencer al juez?
— ¿Qué pregunta le hizo?

3. Temas para debate

— La tolerancia.
— La intransigencia.

5 BENITO

Pasaba Tobías una vez por la calle Mayor de su pueblo, cuando vio a un hombre que estaba sentado en un banco, leyendo el periódico. Entonces Tobías se acercó a él y exclamó:

—¡¡Benito!!

—Perdone, ¿se refiere a mí? —dijo el señor del banco.

—Pero Benito, ¡qué alegría! ¡Cuánto tiempo hacía que no te veía! ¿No te acuerdas de mí, de tu amigo Tobías? ¡Cómo has **cambiado**! Antes tenías la melena muy larga y ahora estás calvo…, antes estabas gordo y ahora estás delgadísimo.

El desconocido interrumpió:

—Perdone, creo que **se confunde.** Yo no soy quien usted piensa.
Tobías siguió:

—Vaya, has cambiado más cosas: antes tenías una voz muy fina y ahora la tienes ronca...

En ese momento, **interrumpió** el desconocido, ya enfadado:

—Oiga, perdone usted, de verdad, yo no me llamo Benito, me llamo Jaime.

— ¡Vaya por Dios! Pero... ¡si te has cambiado hasta el nombre...!

1. Expresiones y léxico

cambiar: parecer distinto, tener otro aspecto.
confundirse: equivocarse.
interrumpir: no dejar hablar a otra persona.

2. Actividades de comprensión

— ¿Por dónde estaba paseando Tobías?
— ¿A quién vio sentado en un banco?
— ¿Qué estaba haciendo el hombre?
— ¿Qué dijo Tobías a ese hombre?
— ¿Qué le respondió el hombre a Tobías?
— ¿Cómo se llamaba el amigo de Tobías?
— ¿Había cambiado mucho Benito desde que Tobías no lo veía?
— ¿Cómo era antes Benito?
— ¿Cómo era ahora?
— ¿Qué le dijo finalmente Benito a Tobías?
— ¿Era de verdad aquel hombre el amigo de Tobías?

3. Temas para debate

— El despiste.

6 ESCRITORES

Generalmente suele existir rivalidad entre personas que **se dedican** a un mismo oficio. Entre los escritores y los artistas a menudo existe una gran rivalidad y competencia, porque cada uno está convencido de que es mejor que los demás y quiere que todo el mundo reconozca esa superioridad.

En una ocasión se encontraron por la calle dos escritores que se odiaban **mutuamente** y que siempre estaban compitiendo para demostrar cuál de ellos era mejor. Uno le dijo al otro:

—Te encuentro mal. ¿Te ha pasado algo?

—Me ha ocurrido una gran tragedia.

—¿Qué ha sido?

—Mi hijo quemó ayer el único **manuscrito** de mi última novela.

—¿Y qué edad tiene tu hijo?

—Tres años.

Al oír esto, el otro escritor exclamó, aparentemente sorprendido:

—¡Tan joven, y ya sabe leer!

1. Expresiones y léxico

dedicarse: realizar un trabajo.

competencia: oposición o enemistad entre dos o más que intentan obtener la misma cosa.

mutuamente: el uno al otro.

manuscrito: original de un libro, escrito a mano.

2. Actividades de comprensión

— ¿Entre quién suele existir rivalidad?

— ¿Por qué suele haber rivalidad entre personas que se dedican a un mismo oficio?

— ¿Por qué rivalizan los escritores?

— ¿Quiénes se encontraron en la calle?

— ¿Por qué se estaban peleando siempre los dos escritores?

— ¿Qué le había ocurrido a uno de ellos?

— ¿Qué había hecho el hijo del escritor?

— ¿Cuántos años tenía el hijo del escritor?

— ¿Qué le contestó el otro escritor?

— ¿Cómo le contestó el otro escritor?

3. Temas para debate

— La enemistad.

— La envidia.

7 LA DIFERENCIA ENTRE UN POLICÍA Y UN ASNO

En los trenes, y generalmente durante los viajes largos, la gente que está sentada en el mismo **departamento** suele mantener largas conversaciones para hacer más corto el viaje. Las personas hablan del tiempo, de la situación económica y política del país y, a veces, hacen comentarios humorísticos sobre los políticos y critican a las **autoridades.** Un día, durante un viaje de Sevilla a Madrid, unos pasajeros estaban charlando en el departamento. Uno de ellos preguntó **burlonamente** a los presentes:

—¿Saben ustedes cuál es la diferencia entre un policía y un asno?

—No, ¿cuál es? —preguntó interesado uno de los pasajeros.

En ese momento se abrió la puerta del departamento y apareció un policía. Se dirigió al pasajero gracioso y le dijo con tono **amenazador:**

—Yo estoy también interesado, ¿cuál es la diferencia?

—Ah..., ninguna —dijo el pasajero, muy nervioso y asustado.

—Bueno, así está mejor —respondió el policía.

1. Expresiones y léxico

departamento: cada una de las partes en las que se divide un vagón de tren.

autoridades: personas que tienen poder en la sociedad, como los políticos, los jueces y los policías.

burlonamente: riéndose de alguien, con ironía.

amenazador: serio.

2. Actividades de comprensión

— ¿Dónde mantiene la gente conversaciones?

— ¿Para qué mantiene la gente conversaciones en los trenes?

— ¿Sobre qué suelen hablar los pasajeros en el tren?

— ¿Hacia dónde se dirigía el tren en aquella ocasión?

— ¿Qué hacen los pasajeros, además de hablar?

— ¿Qué preguntó uno de los pasajeros a los demás?

— ¿Quién apareció de repente en el departamento?

— ¿A quién se dirigió el pasajero recién llegado?

— ¿Qué dijo el nuevo pasajero al que había hecho la pregunta?

— ¿Qué contestó el pasajero al recién llegado?

3. Temas para debate

— Las conversaciones sobre política.

— Los viajes en tren.

— El sentido del humor y la ironía.

8 ESTUDIAR LENGUAS NO SIRVE PARA NADA

El Palacio Real de Madrid fue construido en el siglo XVIII. Los reyes de España vivieron en él hasta el año 1931. Ahora son muchos los turistas que diariamente visitan el palacio, admirando sus jardines, sus salones, el museo de armas antiguas y otras muchas cosas.

Una mañana, en la plaza que está delante del Palacio Real, un hombre de mediana edad, con pantalones cortos y una gran cámara fotográfica, que se movía inquieto **apoyándose alternativamente** en una y otra pierna, se acercó a dos policías y preguntó en inglés:

—*Where are the toilets, please? Where is the restroom, bathroom...?*

Los policías se **encogieron de hombros,** mirando amablemente al turista. El extranjero repitió la pregunta en alemán, luego en francés y también en italiano. Los policías siguieron mirando atentamente al turista, pero **sin reaccionar.** Finalmente, el turista salió corriendo en busca de alguien que le indicara dónde podía encontrar unos servicios. Uno de los dos policías le dijo entonces a su compañero:

—¿Te das cuenta? Es lo que yo he dicho siempre. Estudiar lenguas no sirve para nada.

1. Expresiones y léxico

apoyarse: descansar sobre algo.
alternativamente: una vez en cada pierna.
encogerse de hombros: hacer un movimiento con los hombros para demostrar que no se sabe algo o que no se siente interés por ello.
sin reaccionar: sin contestar, sin decir nada.

2. Actividades de comprensión

— ¿Cuándo fue construido el Palacio Real de Madrid?
— ¿Quiénes vivieron en este palacio?
— ¿Qué visitan los turistas en él?
— ¿Dónde se encontraba el turista?
— ¿Qué estaba haciendo?
— ¿Qué les preguntó a los dos policías?
— ¿Cuál fue la respuesta de los policías al turista?
— ¿En qué idiomas repitió él la pregunta?
— ¿Qué hicieron entonces los policías?
— ¿Qué tuvo que hacer finalmente el turista?
— ¿Qué le dijo uno de los policías a su compañero?

3. Temas para debate

— La utilidad de estudiar lenguas.
— Los problemas de idioma de los turistas.

9 LA NOVIA DESNUDA

Tobías estaba saliendo con una muchacha de su pueblo, llamada Encarna. Los padres y la familia de Encarna querían que se **comprometiera** con ella en serio y fijaran cuanto antes la fecha de la boda.

Un día, la madre de Encarna fue a hablar con Tobías y con sus padres y **exigió** una decisión. Tobías estuvo de acuerdo en comprometerse con Encarna y fijar una fecha para la boda, pero dijo que antes deseaba verla desnuda. La madre de Encarna **se indignó** y se fue de inmediato de la casa. Sin embargo, durante las semanas siguientes, cada vez que planteaban a Tobías el tema de la boda, éste **insistía en** que antes de casarse quería ver a la chica desnuda. Los padres de Encarna, después de pensarlo mucho, **accedieron** y fijaron un día para que Tobías cumpliera su deseo y viera a la muchacha tal como Eva estaba en el paraíso, a través de una puerta **entreabierta.**

Después de que Tobías viera a su novia desnuda, los familiares de Encarna se acercaron a él y le preguntaron:

—Ya has visto desnuda a la muchacha, ¿estás contento? ¿Para cuándo fijamos la boda?

—No, he decidido que no quiero casarme con ella —replicó Tobías.

—¿Por qué? ¿Es que no te ha parecido hermoso su cuerpo?

—¡Hombre! Su cuerpo **ciertamente** es muy bonito, pero no me gusta su nariz.

1. Expresiones y léxico

comprometerse: prometer uno que se va a casar.
exigir: pedir algo con energía.
indignarse: enfadarse mucho.
insistir en: volver a decir lo mismo.
acceder: permitir que se cumpla algo, decir que sí a una petición.
entreabierta: un poco abierta.
ciertamente: verdaderamente.

2. Actividades de comprensión

— ¿Con quién estaba saliendo Tobías?
— ¿Qué querían los padres y la familia de Encarna?
— ¿Quién fue a hablar con Tobías?
— ¿Qué exigió la madre de Encarna a Tobías?
— ¿Qué deseaba Tobías antes de comprometerse?
— ¿Qué le pasó a la madre de Encarna cuando oyó lo que Tobías quería?
— ¿A qué accedieron finalmente los padres de Encarna?
— ¿Cómo iba vestida Encarna?
— ¿Qué le preguntaron los padres y los familiares de Encarna a Tobías?
— ¿Por qué no quería Tobías casarse con Encarna?

3. Temas para debate

— El noviazgo en España y en otros países.
— Las relaciones prematrimoniales.

10 TOBÍAS Y LA CASAMENTERA

Tobías fue una vez a la **casamentera** de Villarriba para pedirle que le buscara una mujer. Ésta debía cumplir varios **requisitos**: ser guapa, rica, educada y tener una casa grande.

La casamentera conocía demasiado bien a Tobías y sabía que era un **vago,** sin trabajo y sin dinero. Así que abrió su cuaderno con la información sobre las chicas casaderas del pueblo y dijo:

—Aquí tengo una mujer para ti: con una fortuna de doscientos millones de pesetas, una carrera universitaria, bellísima y perteneciente a una familia de gran **linaje.**

—¡Fantástico! Es exactamente la mujer que necesito —exclamó Tobías.

—Sí, pero tiene un defecto: de vez en cuando se vuelve un poco loca.

—¿Con qué frecuencia?

—Hombre, exactamente no lo sé. Quizás una o dos veces al año, pero esto es algo que no puede saberse exactamente cuándo ocurrirá.

—Tampoco es tan grave. A mí no me importa. ¿Cuándo me la puede presentar?

—**Ahí está la cuestión**, Tobías: tenemos que esperar a que le dé un **ataque de locura** para que quiera conocer a un tipo como tú.

1. Expresiones y léxico

casamentera: mujer que se encarga de organizar bodas entre personas que no se conocen.

requisito: condición necesaria para que algo se cumpla.

vago: persona que no quiere trabajar

linaje: origen noble de una familia.

ahí está la cuestión: ése es el problema.

sufrir un ataque de locura: volverse loco de repente.

2. Actividades de comprensión

— ¿Para qué fue Tobías a ver a una casamentera?

— ¿Cómo era la mujer que Tobías deseaba?

— ¿Cómo era Tobías?

— ¿Qué hizo la casamentera?

— ¿Cómo era la mujer que le buscó la casamentera a Tobías?

— ¿Qué defecto tenía esa mujer?

— ¿Le importó a Tobías ese defecto?

— ¿Qué le dijo entonces Tobías a la casamentera?

— ¿Qué dijo la casamentera?

— ¿A qué tenían que esperar para presentar a Tobías a la mujer?

3. Temas para debate

— Casamenteras, curanderos, sanadores…

— Viejos oficios y profesiones.

11 SE HABLAN TODAS LAS LENGUAS

La moda del turismo había llegado a Villarriba, el pueblo de Tobías, donde había muchas cosas de interés para los turistas. Entre otros muchos monumentos, había unos baños romanos, un castillo medieval **derruido** y una iglesia del siglo XVII.

Tobías, que había tenido docenas de trabajos y ocupaciones, pensó que sería una buena idea abrir una tienda de *souvenirs.* A los turistas les gusta comprar cosas típicas del país. En la tienda de Tobías se podía comprar multitud de cosas diferentes: abanicos, ceniceros, camisetas, gorras, som-

breros, botellas de vino, castañuelas, cajas de dulces, muñecas vestidas con trajes típicos españoles, figurillas de cerámica y otros muchos recuerdos.

Un día, Baldomero, un vecino de Villarriba, pasó por delante de la tienda de Tobías y vio que entraban muchos turistas a comprar recuerdos. Sintió envidia por no haber tenido él la idea de poner una tienda de *souvenirs*. Mientras miraba a los turistas, se fijó en un cartel que había en la tienda, en el que ponía:

| EN ESTE **LOCAL** SE HABLAN TODAS LAS LENGUAS |

Asombrado, entró en el **establecimiento** y preguntó a Tobías:

—¿Es verdad que hablas todas las lenguas?

—Yo no, hombre: los clientes, los clientes. Los que aquí vienen son gente de todas las partes del mundo y yo no prohíbo a nadie que hable como quiera.

1. Expresiones y léxico

derruido: destruido, derrumbado, en ruinas.
souvenirs: recuerdos que los turistas compran en los países que visitan.
local: tienda, establecimiento en el que se vende algo.
establecimiento: tienda.

2. Actividades de comprensión

— ¿Qué había llegado al pueblo de Tobías?
— ¿Qué monumentos importantes tenía el pueblo?
— ¿Qué idea se le ocurrió a Tobías?
— ¿Qué les gusta a los turistas?
— ¿Qué se podía comprar en la tienda de Tobías?
— ¿Quién es Baldomero?
— ¿Por dónde pasó Baldomero?
— ¿Qué ponía en el cartel de la tienda de Tobías?
— ¿Qué le preguntó Baldomero?
— ¿Quién hablaba todas las lenguas?

3. Temas para debate

— Negocios alrededor del turismo.

12 UNA MENTE POCO INQUISITIVA

Cuando Tobías era pequeño, llegó un día a su casa con el **boletín de notas** de la escuela. En él se decía qué notas había obtenido en aritmética, gramática, historia, gimnasia, geografía y otras **materias.**

En todas las asignaturas Tobías había obtenido una calificación **aceptable.** Además de las notas, la maestra había escrito algunas observaciones en el boletín: *Es un alumno listo y sociable, que se lleva bien con sus compañeros, presta atención en clase, pero* **no tiene una mente inquisitiva.** El padre de Tobías leyó la **observación** final y se puso furioso, hizo venir a Tobías y le gritó, enfadado:

—Vas a tener una mente inquisitiva, lo quieras o no lo quieras. Voy a hacer que tengas una mente inquisitiva, aunque tenga que **molerte a palos.**

Tobías preguntó, asustado:

—¿Qué es una mente inquisitiva?

—Cállate —dijo su padre. —¡En esta casa se obedece y no se hacen preguntas!

1. Expresiones y léxico

boletín de notas: libreta en la que los profesores anotan las calificaciones obtenidas por los alumnos en las distintas asignaturas.

materia: en este contexto, asignatura, disciplina.

aceptable: ni muy bueno ni muy malo.

tener una mente inquisitiva: hacer preguntas continuamente para saber el porqué de las cosas.

observación: comentario, aclaración.

moler a palos: pegar a alguien con dureza y con fuerza.

2. Actividades de comprensión

— ¿Con qué llegó Tobías un día de la escuela?

— ¿Qué se decía en el boletín?

— ¿Qué calificaciones había obtenido Tobías en todas las asignaturas?

— ¿Qué había escrito la maestra, además de las notas?

— ¿Qué decía lo que había escrito la profesora?

— ¿Qué le pasó al padre tras leer la nota?

— ¿Qué le dijo a Tobías su padre?

— ¿Cómo estaba Tobías después de oír lo que le dijo su padre?

— ¿Qué preguntó Tobías?

— ¿Qué le respondió su padre?

3. Temas para debate

— El sistema de calificaciones en las escuelas españolas y en las de otros países.

13 BAUTIZO MÚLTIPLE

Cuando Tobías cumplió veinte años, recibió una carta del Ayuntamiento de Villarriba, en la que se le comunicaba que tendría que ir a las oficinas para rellenar unos papeles en relación con su servicio militar y se le pedía que llevara una **partida de nacimiento.**

Tobías fue al Ayuntamiento. Allí, en una ventanilla, una oficinista, una mujer mayor y con gafas, le preguntó su nombre completo. Tobías sacó entonces un papel del bolsillo y comenzó a decir: *Tobías, Miguel, Rafael, Gabriel, Manuel, Leoncio, Ladislao, Romualdo, Saturio…*

—¡Basta! —gritó la oficinista, interrumpiendo la lista de nombres que estaba leyendo Tobías—. Nadie puede tener tantos nombres. ¿Es que **aca-**

so se está usted riendo de mí? Ni siquiera los hijos de los reyes tienen tantos nombres.

—No, señora. Mire este papel y verá que es verdad lo que digo —respondió Tobías. Tengo catorce nombres porque en la época en la que nací, los **curas** solían dar unas cuantas monedas a los niños de familias pobres que **se bautizaban,** y como mis padres eran tan pobres, fueron a cada una de las catorce iglesias distintas que había en la ciudad y me bautizaron en todas ellas.

1. Expresiones y léxico

partida de nacimiento: documento en el que se certifica la fecha y el lugar de nacimiento de una persona.
acaso: tal vez, quizá.
cura: religioso, sacerdote católico que dirige una iglesia o parroquia.
bautizarse: recibir el bautismo, sacramento de la religión católica.

2. Actividades de comprensión

— ¿Qué recibió Tobías cuando cumplió los veinte años?
— ¿Qué decía la carta?
— ¿Qué se le pedía a Tobías que se llevara?
— ¿Qué le preguntó la oficinista del Ayuntamiento?
— ¿Qué hizo Tobías entonces?
— ¿Cuáles eran los nombres de Tobías?
— ¿Qué gritó la oficinista interrumpiendo a Tobías?
— ¿Qué le preguntó la oficinista a Tobías?
— ¿Qué le contestó Tobías a la oficinista?
— ¿Cuántos nombres tenía Tobías?
— ¿Por qué tenía Tobías tantos nombres?

3. Temas para debate

— Influencia de la Iglesia católica en la vida social.

14 LA FOTO DE LA EX NOVIA

Un soldado que estaba en el **cuartel** cumpliendo el servicio militar recibió una carta de su novia en la que ésta le decía:

Querido Anselmo: Hace tres meses conocí en un bar a un hombre, alto, **distinguido** *y mucho más* **apuesto** *que tú. Nos* **enamoramos locamente** *y hemos decidido casarnos* **de inmediato.** *Por esta razón quiero que me devuelvas mi fotografía.* **Tuya,** *Carmen.*

El soldado **sufrió una decepción** tan grande que corrió al cuartel y recogió todas las fotografías de chicas que pudo encontrar, incluyendo mo-

delos, compañeras o amigas de otros soldados que amigablemente **se prestaron a** ayudarle. Hizo un paquete con ellas y se lo mandó a su ex novia, junto con una nota que decía:

Querida Carmen: Me alegro mucho de que te vayas a casar. Lamentablemente, temo que no recuerdo cuál es tu fotografía. Búscala entre todas y cuando la encuentres, me devuelves las otras. Tuyo, Anselmo.

1. Expresiones y léxico

cuartel: edificio en el que trabajan y viven los militares.
distinguido: elegante y educado.
apuesto: guapo, de buena presencia.
enamorarse locamente: enamorarse apasionadamente.
de inmediato: sin esperar, lo antes posible.
tuyo(a): fórmula que se escribe en las cartas para despedirse.
sufrir una decepción: perder la ilusión, llevarse un disgusto.
prestarse a: ayudar, colaborar con lo que alguien hace.

2. Actividades de comprensión

— ¿Qué estaba haciendo el soldado en el cuartel?
— ¿Qué decía la carta que recibió el soldado?
— ¿Cómo se llamaba el soldado?
— ¿Qué quería su ex novia?
— ¿Qué le pasó a Anselmo cuando leyó la carta?
— ¿Qué hizo entonces?
— ¿Quién le prestó las fotos a Anselmo?
— ¿De quiénes eran las fotos que recogió Anselmo?
— ¿Qué hizo Anselmo después de recoger todas las fotos?
— ¿Qué decía la carta que mandó Anselmo a su ex novia?

3. Temas para debate

— El servicio militar en España.

15 PROHIBIDO FUMAR EN LA SALA

El cine estaba lleno de **espectadores** que disfrutaban de la **película** mientras comían **palomitas de maíz,** bebían refrescos o **mascaban** chicle.

Los **acomodadores,** con la linterna en la mano, conducían a los espectadores a sus asientos y vigilaban para que nadie fumara, porque en algunos cines se considera que fumar es peligroso, ya que puede **dar lugar** a un incendio. Uno de los acomodadores se dirigió a un espectador y le dijo:

—En este cine está prohibido fumar; si quiere hacerlo, salga de la sala.

—Pero yo no estoy fumando —le respondió el espectador.

—Pero tiene la pipa en la boca —insistió el acomodador.

—Sí, pero también tengo unos zapatos en los pies y eso no significa que esté andando —fue la **réplica** del espectador.

1. Expresiones y léxico

espectador: persona que está viendo un espectáculo.
película: filme, largometraje.
palomitas de maíz: granos de maíz tostados.
mascar: masticar, aplastar entre los dientes.
acomodador: persona que trabaja en un cine y que se encarga de llevar a los espectadores a sus asientos.
dar lugar: originar, producir, provocar
réplica: respuesta, contestación.

2. Actividades de comprensión

— ¿Cómo estaba el cine?
— ¿De qué disfrutaba la gente en el cine?
— ¿Qué comía la gente en el cine?
— ¿Quiénes conducían a los espectadores a sus asientos?
— ¿Qué vigilaban los acomodadores?
— ¿Por qué está prohibido fumar en algunos cines?
— ¿Por qué le llamó la atención el acomodador a un espectador?
— ¿Qué le respondió el espectador?
— ¿Qué le dijo el acomodador?
— ¿Qué volvió a responder el espectador?

3. Temas para debate

— La costumbre de comer y beber en los cines.
— En tu país, ¿se puede fumar en los cines?

16 HOMBRE BLANCO EN ÁFRICA

Cada vez hay más gente en el mundo que quiere ayudar a las personas más necesitadas. Para ello, viajan a los países más pobres y allí ayudan a sus habitantes en el desarrollo de la educación, de la sanidad y de la agricultura.

Desde hace siglos, la ayuda a los países pobres la realizan los religiosos y **misioneros,** pero hoy en día muchos jóvenes con espíritu **altruista** viajan también a los países subdesarrollados para ayudar a sus habitantes.

En una ocasión, un médico español **recién licenciado** llegó a un país africano para ayudar a la gente del lugar. Este médico fue conducido a un poblado en el interior de la selva para **asistir** a un enfermo que se encontraba muy grave. Antes de entrar a ver al enfermo, el médico le dijo a uno de sus familiares:

—Quédate aquí y vigila para que nadie me robe las cosas que hay en el coche.

—No se preocupe —dijo el familiar—, que aquí no hay ningún peligro de que le roben, porque por aquí cerca no hay ningún hombre blanco.

1. Expresiones y léxico

misionero: persona religiosa que predica la religión.
altruista: persona que se preocupa por los demás y los ayuda.
recién licenciado: que acaba de terminar una carrera universitaria.
asistir: atender, curar.

2. Actividades de comprensión

— ¿Adónde viaja la gente que quiere ayudar a los más necesitados?
— ¿En qué ayuda esta gente?
— ¿De quién era propio tradicionalmente el trabajo de ayudar a los necesitados?
— ¿Adónde viajó el joven médico?
— ¿Adónde fue conducido?
— ¿Dónde estaba situado el poblado?
— ¿Para qué tuvo que viajar hasta allí?
— ¿Qué dijo el médico a uno de los familiares del enfermo?
— ¿Qué le respondió el familiar?
— ¿Por qué no había peligro de que le robaran?

3. Temas para debate

— Las ONG (Organizaciones No Gubernamentales).
— Los prejuicios raciales.

17 MALAS NOTAS

En muchos colegios, los alumnos reciben **trimestralmente** una calificación de los exámenes realizados. Esta calificación se conoce como *notas*.
Las notas se dan desde *0* hasta *10*. El *9* y el *10* se consideran *sobresaliente*; el
7 y el *8*, *notable*; el *5* y el *6*, *aprobado* y menos de *5* se considera *suspenso*.

A Manolo, el hijo de Tobías, le habían dado sus notas. Había recibido
en casi todas las asignaturas un **suspenso.** La única que había aprobado
era la gimnasia, porque Manolo era un buen deportista y le gustaba correr,
saltar y jugar al fútbol.

Al salir del colegio era ya tarde, casi de noche, y los amigos de Manolo le vieron caminar a paso muy rápido por la plaza del Ayuntamiento, en
dirección a su casa.

—¡Eh, Manolo! —le gritaron—. Ven a jugar con nosotros.

—Hoy no puedo —contestó Manolo—. Tengo que llegar cuanto antes a mi casa. Mi madre me va a dar una **paliza,** porque las notas que me han dado en la escuela son malísimas.

—Entonces, no entiendo por qué tienes tanta prisa en volver a tu casa —le dijo uno de los amigos—. A lo mejor **estás mal de la cabeza.**

—Pues no estoy loco y sé muy bien lo que hago —respondió Manolo—. Quiero llegar a casa antes que mi padre, porque él pega mucho más fuerte que mi madre.

1. Expresiones y léxico

trimestralmente: cada tres meses.

suspenso: calificación mala, que obliga al estudiante a repetir el examen.

paliza: conjunto de golpes.

estar mal de la cabeza: estar un poco loco.

2. Actividades de comprensión

— ¿Qué reciben los alumnos trimestralmente en los colegios?

— ¿Con qué nombre se conocen las calificaciones?

— ¿Cómo se dan las notas?

— ¿Qué notas había recibido Manolo?

— ¿Por qué había aprobado la gimnasia?

— ¿Cuándo vieron a Manolo sus amigos?

— ¿Adónde se dirigía a toda velocidad?

— ¿Por qué no podía quedarse jugando con sus amigos?

— ¿Por qué le dijeron sus amigos que a lo mejor estaba mal de la cabeza?

— ¿Por qué quería llegar a su casa antes que su padre?

3. Temas para debate

— Los malos tratos domésticos.

— La violencia con los niños.

18 UN REGALO DE NAVIDAD

Era Navidad y Tobías recibió un mensaje en el que se decía que podía ir a recoger, en la estación de tren cercana, una caja de pollos que le enviaba su tío Damián, hermano de la madre de Tobías.

El tío Damián tenía una granja de pollos en un pueblo de **Galicia.** Tobías se puso muy contento y fue con toda la familia a la estación, a recoger la caja de cartón que contenía los pollos. Por desgracia, en el **trayecto** entre la estación y la casa de Tobías, la caja se rompió y los pollos comenzaron a correr de un lado a otro por las calles del pueblo.

Tobías y toda la familia se pusieron a correr detrás de los pollos. Al día siguiente Tobías escribió una carta de **agradecimiento** al tío Damián, en la que le contaba la **aventura:**

Lamentablemente, *los pollos se salieron de la caja y, a pesar de que corrimos detrás de ellos, buscándolos por todas partes, sólo pudimos recuperar nueve.*

A los pocos días recibió otra carta del tío Damián, en la que éste decía:

Querido sobrino: No debes lamentarte por tu mala suerte, sino todo lo contrario, porque en la caja que te envié sólo había cuatro pollos.

1. Expresiones y léxico

Galicia: comunidad autónoma situada en el noroeste de España.
trayecto: camino, recorrido.
agradecimiento: palabras con las que se dan las gracias por algo.
aventura: incidente, cosas que han ocurrido.
lamentablemente: por desgracia.

2. Actividades de comprensión

— ¿Qué decía el mensaje que recibió Tobías en Navidad?
— ¿Quién le mandó el regalo?
— ¿Qué tenía el tío Damián?
— ¿Qué hizo Tobías tras leer el mensaje?
— ¿Qué pasó en el trayecto entre la estación y la casa de Tobías?
— ¿Qué empezaron a hacer los pollos?
— ¿Qué hicieron Tobías y su familia cuando vieron que iban a perder los pollos?
— ¿Qué hizo Tobías al día siguiente?
— ¿Qué decía la carta que Tobías le mandó a su tío Damián?
— ¿Qué le respondió el tío Damián?

3. Temas para debate

— La costumbre de hacer regalos en Navidad.

19 SE BUSCA

En cierta ocasión pasó Tobías por delante de una comisaría y vio un cartel con una foto grande de un hombre de unos treinta y cinco años. El hombre tenía pelo negro y ojos agresivos. Bajo la foto había un texto que decía:

> **SE BUSCA**
> RECOMPENSA: 1.000.000 DE PESETAS

Tobías no había visto nunca una cosa así y, **picado por la curiosidad,** se acercó a un policía que **estaba de guardia** delante de la comisaría y le preguntó:

—¿Por qué buscan a ese hombre?

El policía sonrió amablemente y dijo:

—Porque es un individuo muy peligroso, responsable de muchos atracos a bancos, en los que ha matado a varias personas.

—Y esa foto, ¿es realmente la suya?

—Sí, naturalmente.

—Pues podían haberle cogido cuando le hicieron la foto y se hubieran ahorrado un montón de esfuerzo y de dinero.

1. Expresiones y léxico

picado por la curiosidad: muy interesado en saber algo.
estar de guardia: estar vigilando y protegiendo un lugar.

2. Actividades de comprensión

— ¿Por dónde pasó Tobías en cierta ocasión?
— ¿Qué vio allí?
— ¿Qué decía el cartel?
— ¿Cómo era el hombre que se veía en la foto?
— ¿Cómo se sintió Tobías después de ver el cartel?
— ¿A quién se acercó?
— ¿Por qué buscaba la policía a ese hombre?
— ¿Por qué había un cartel de ese hombre en la puerta de la comisaría?
— ¿Qué le preguntó Tobías al policía?
— ¿Qué le contestó el policía?

3. Temas para debate

— Las recompensas.

20 UNA OFERTA DE TRABAJO

Un joven entró en un bar y pidió permiso para usar el teléfono que había junto a la **barra.** El dueño del bar no pudo evitar escuchar la siguiente conversación:

—¿Podría hablar con el jefe de personal de la empresa?

Después de un rato de silencio, el joven siguió hablando:

—Le llamo por **lo** del anuncio que apareció la semana pasada en el periódico **El Imparcial,** pidiendo un oficinista.

—...

—¡Ah! ¿Ya lo han ocupado? Y... están contentos con él, ¿no?

—...

—Entonces, no **vale la pena** que les vuelva a llamar, ¿verdad?

El joven colgó el teléfono y se volvió a su sitio en la barra. El dueño del bar, que lo había oído todo, le dijo:

—Perdone, pero he oído por casualidad lo que decía; ¿está usted buscando trabajo? Si es así, puede trabajar de camarero aquí.

Y el joven respondió:

—Gracias, pero no lo necesito. Hace una semana conseguí un buen trabajo como oficinista en una gran empresa. He llamado allí sólo para comprobar si el puesto es seguro.

1. Expresiones y léxico

barra: en los bares, mostrador; especie de mesa alargada que separa a los camareros de los clientes y que sirve para colocar las bebidas.

lo: tiene el sentido de *tema, cuestión, asunto.*

El Imparcial: nombre de periódico.

2. Actividades de comprensión

— ¿Dónde entró el joven?

— ¿Qué le pidió al dueño del bar?

— ¿Qué no pudo evitar el dueño del bar?

— ¿Qué preguntó el joven por teléfono?

— ¿Por qué llamaba el joven a aquella empresa?

— ¿Dónde había aparecido el anuncio?

— ¿Qué le pasaba al puesto de oficinista?

— ¿Qué preguntó el joven tras oír que el puesto ya había sido ocupado?

— ¿Qué le ofreció el dueño del bar al joven?

— ¿Por qué había llamado el joven a la empresa?

3. Temas para debate

— Ofertas de trabajo.

— El mundo laboral.

21 MODA UNISEX

Clara era una chica de diecisiete años que vivía en una **urbanización,** en las afueras de una gran ciudad, en una casa individual rodeada de un bonito jardín. La casa tenía muchas habitaciones amplias y **espaciosas,** y, naturalmente, Clara tenía su propio dormitorio, situado en el segundo piso.

Un día, en el instituto al que acudía cinco días a la semana, conoció a Sebastián, un joven de su misma edad que tenía el pelo muy largo. Clara y Sebastián se acostumbraron a estar todo el día juntos, hablando y paseando. A los pocos días de haberse conocido, Clara invitó a Sebastián a ir a su casa a estudiar.

Cuando llegaron a la casa, antes de subir al cuarto de Clara, saludaron **de pasada** a sus padres. Al día siguiente volvieron a pasar la noche juntos, estudiando, y lo mismo ocurrió el día después. Sebastián le dijo a Clara:

—Me encanta que tus padres sean tan comprensivos y liberales. Los míos no me dejarían llevar una chica a mi habitación.

—Tampoco los míos —respondió Clara—. Lo que pasa es que creen que eres una chica.

1. Expresiones y léxico

urbanización: conjunto de casas situado dentro de una zona cerrada.
espacioso: grande, que tiene mucho espacio.
de pasada: sin pararse a hablar.

2. Actividades de comprensión

— ¿Quién era Clara?
— ¿Dónde vivía?
— ¿Cómo era la casa de Clara?
— ¿Dónde conoció a Sebastián?
— ¿Cómo era Sebastián?
— ¿Adónde fue Sebastián a estudiar?
— ¿Dónde durmió Sebastián los dos días siguientes?
— ¿Qué le dijo Sebastián a Clara?
— ¿Cómo eran en realidad los padres de Clara?
— ¿Por que había pasado Sebastián la noche en casa de Clara todos esos días?

3. Temas para debate

— Las relaciones entre chicos y chicas.
— Los conflictos generacionales.

22 UNAS PAREDES DEMASIADO FINAS

Tobías había vivido siempre en una casa antigua. Era una casa de paredes gruesas y fuertes y de techos altos. La había heredado de sus padres y tenía la **ventaja** de ser una casa con muchas habitaciones y de estar situada en el centro del pueblo.

Tenía un pequeño patio que Severiana, la mujer de Tobías, había adornado con muchas plantas y flores. Sin embargo, como la casa era muy antigua, no tenía las comodidades de las casas modernas, como calefacción y agua caliente. Por eso Tobías y su mujer decidieron mudarse a una casa nueva.

La nueva casa que Tobías compró era amplia y muy **soleada,** pero te-

nía un **defecto**: sus paredes eran demasiado finas y por las noches Tobías no podía dormir, porque oía las peleas de los vecinos. Un día, harto ya de esta situación, le dijo a su mujer:

—Cariño, estoy harto de estas paredes tan finas. Ahora mismo me voy a la tienda, a comprar material **aislante** para **arreglar** esta situación.

Al oír esto, Severiana dijo, **horrorizada**:

—**¡Ni se te ocurra!** Si **aíslas** las paredes, ¿cómo voy yo a escuchar las conversaciones de los vecinos?

1. Expresiones y léxico

ventaja: aspecto o característica positiva que tiene algo.
soleada: que recibe la luz del sol.
defecto: aspecto o característica negativa que tiene algo.
aislante: que no deja pasar los ruidos, el frío ni el calor.
arreglar: solucionar, remediar.
horrorizada: asustada, con miedo.
¡ni se te ocurra!: expresión que significa *¡No pienses en ello, no lo voy a permitir!*
aislar: proteger una pared para evitar que el ruido, el calor o el frío pasen a través de ella.

2. Actividades de comprensión

— ¿Dónde había vivido siempre Tobías?
— ¿Cómo era la casa en la que vivía?
— ¿De quién la había heredado?
— ¿Cuál era la ventaja que tenía la casa?
— ¿Qué era lo que le faltaba por ser antigua?
— ¿Cómo era la nueva casa que compró Tobías?
— ¿Qué defecto tenía?
— ¿Por qué Tobías no podía dormir?
— ¿Qué le dijo Tobías a su mujer?
— ¿Qué le contestó Severiana?

3. Temas para debate

— Cotilleos y chismorreos.

23 CURSILLO SOBRE CÓMO CONOCER HOMBRES

En el verano, cuando habían terminado las clases en los colegios e institutos y los jóvenes estaban de vacaciones, la Sociedad Cultural de Villarriba organizaba **multitud de** cursillos sobre los más diversos temas. Los cursillos eran normalmente sobre cocina, deportes, naturaleza, trabajos **manuales** y cosas parecidas.

Aquel verano, Raúl, el hijo de Tobías, vio un cartel en la plaza, en el que se anunciaba un cursillo con el título: CÓMO CONOCER HOMBRES. **De inmediato** se sintió interesado por el tema y **se apuntó** al cursillo.

Cuando su padre se enteró, temió que su hijo fuera un poco raro y le preguntó que por qué se había apuntado a ese curso. Raúl tranquilizó a su padre diciéndole:

—Papá, no te asustes. Lo que yo quiero es conocer mujeres que quieran conocer hombres.

—¡Ah, menos mal! —dijo Tobías con un largo **suspiro de alivio**.

Llegó el día de la primera reunión y Raúl se dirigió a la sala de cultura del Ayuntamiento, donde tendría lugar el cursillo. Pensaba en la cantidad de chicas guapas que iba a encontrar, pero, al abrir la puerta de la sala, vio que allí no había ni una sola mujer; solamente había chicos. Al parecer, todos los jóvenes del pueblo habían tenido la misma idea que Raúl.

1. Expresiones y léxico

multitud de: muchos, gran cantidad de.
manuales: trabajos que se hacen con las manos.
de inmediato: en seguida, sin esperar.
apuntarse: inscribirse.
suspiro de alivio: respiración que muestra que alguien se siente tranquilizado.

2. Actividades de comprensión

— ¿Cuándo se organizaban los cursillos?
— ¿Quién los organizaba?
— ¿Sobre qué trataban?
— ¿Quién era Raúl?
— ¿Cómo se llamaba el cursillo al que se apuntó Raúl?
— ¿Qué pensó Tobías cuando se enteró del curso en el que se había apuntado su hijo?
— ¿Qué dijo Raúl para tranquilizar a su padre?
— ¿Adónde se dirigió Raúl el día del comienzo del cursillo?
— ¿Qué se encontró al llegar al cursillo?
— ¿Por qué no había allí ni una sola mujer?

3. Temas para debate

— Cursos de verano.

24 UN TELEGRAMA CON UN MILLÓN DE BESOS

Mientras Tobías estaba trabajando en Alemania, su mujer y sus hijos se quedaron en Villarriba, porque vivir en España resultaba mucho más barato que en Alemania y, de esta manera, la familia ahorraba dinero.

Tobías trabajaba en una fábrica de automóviles, en la que ganaba un buen **salario**, mucho más de lo que hubiera ganado en España haciendo el mismo trabajo. Al principio, enviaba **regularmente** dinero a Severiana

para pagar los gastos de alimentación, vivienda y **ropa** de todos. Después, sin embargo, durante varios meses se olvidó de mandar dinero a casa.

El 18 de septiembre era el cumpleaños de Severiana y Tobías le envió un telegrama que decía: *Muchas felicidades, cariño; un millón de besos.*

La mujer de Tobías le contestó con otro telegrama que decía: *Muchas gracias por tus regalos. Los he usado para pagar al lechero, al panadero, al carnicero y al* **propietario** *del piso, al que ya le debía ocho meses de al-*
quiler.

1. Expresiones y léxico

salario: sueldo, dinero que cobra un trabajador.
regularmente: normalmente, todos los meses.
ropa: vestidos, trajes, faldas, pantalones…
propietario: dueño de la casa.
alquiler: dinero que una persona paga todos los meses al dueño de la casa en la que vive.

2. Actividades de comprensión

— ¿Dónde estaba Tobías?
— ¿Por qué se quedó su familia en España?
— ¿Dónde trabajaba Tobías?
— ¿Cómo era el salario que ganaba?
— ¿Qué hacía Tobías regularmente?
— ¿En qué se gastaba la familia el dinero que Tobías les mandaba?
— ¿Qué pasó durante una larga temporada?
— ¿Para qué le mandó Tobías un telegrama a Severiana?
— ¿Qué decía el telegrama?
— ¿Qué le contestó Severiana en su telegrama?

3. Temas para debate

— Trabajadores españoles en Alemania.
— Nivel de vida en España y en Europa.

25 LAS MANZANAS, PARA EL CURA

Don Cosme, el cura de Villarriba, no solía recibir muchos regalos. Los vecinos del pueblo no eran demasiado **generosos** y, además, pensaban que los curas, como no tienen hijos, no necesitan mucho dinero para vivir.

Don Cosme se extrañó cuando, un día, una familia del pueblo, la familia Hinojosa, una de las más pobres, llegó con una cesta llena de manzanas. La familia dijo que era un regalo para él. Pero Don Cosme, que era un hombre bondadoso y honrado, no quería aceptarlas, pensando que

aquella familia era demasiado pobre y que tendría más necesidad que él de comerse las manzanas. **Así que rechazó una y otra vez** el regalo, diciendo que lo consideraba un gran detalle, pero que en realidad él no se las podría comer todas y que, por tanto, era mejor que se las devolviera. La señora Ramona, la madre, se cansó de que el cura pusiera tantas **objeciones** y dijo con voz sincera y algo enfadada:

—Cójalas **de una vez,** señor cura, que ni los cerdos las quieren.

1. Expresiones y léxico

generoso: persona que da dinero y regalos a los demás.
así que: por este motivo, por lo tanto.
rechazar: no querer admitir o aceptar algo.
una y otra vez: una vez tras otra, varias veces.
objeción: excusa, pretexto que se pone para no hacer algo.
de una vez: ya, por fin, finalmente.

2. Actividades de comprensión

— ¿Qué es lo que no solía recibir Don Cosme?
— ¿Cómo eran los vecinos del pueblo de Villarriba?
— ¿Qué pensaban los vecinos de Villarriba sobre los curas?
— ¿Quién llegó un día a ver a Don Cosme?
— ¿Cómo era la familia que llegó a verle?
— ¿Qué le traía la familia?
— ¿Qué le dijeron a Don Cosme?
— ¿Cómo era el cura?
— ¿Por qué no quiso aceptar el regalo?
— ¿Qué decía Don Cosme al rechazar el regalo?
— ¿De qué se cansó Ramona?
— ¿Qué le dijo a Don Cosme?

3. Temas para debate

— Los curas de pueblo.

26 TOBÍAS EN EL CINE

Un día, Tobías fue al cine, en la ciudad, a ver una película. Nunca había ido al cine antes, pero sabía que tenía que comprar la entrada en una **taquilla,** que solía estar en la puerta.

Así, Tobías se acercó a la ventanilla que había cerca de la puerta del cine, pidió una entrada y la pagó. La **taquillera** le **advirtió** que debía entrar rápidamente, porque la película iba a comenzar en pocos minutos.

A los pocos segundos, volvió Tobías a la ventanilla y pidió otra entrada. La taquillera se la vendió, pensando que iba a ver la película con otra persona. **Instantes** después, volvió a aparecer Tobías en la taquilla, muy enfadado y dispuesto a comprar otra entrada. Entonces la taquillera, por curiosidad, le preguntó:

—¿Se ha encontrado usted con más amigos?

—No —contestó Tobías, muy **molesto**—. Yo vengo solo.

—Entonces, ¿por qué compra usted tantas entradas?

—Porque en la puerta de la sala hay un hombre muy alto y muy fuerte que me las rompe cada vez que intento entrar.

1. Expresiones y léxico

taquilla: despacho de billetes.

taquillera: vendedora de entradas que está situada en una ventanilla o taquilla.

advertir: avisar, aconsejar algo a alguien.

instante: momento, tiempo muy corto.

molesto: incómodo, enfadado.

2. Actividades de comprensión

— ¿Para qué fue Tobías a la ciudad?

— ¿Adónde no había ido nunca Tobías?

— ¿Qué sabía Tobías sobre los cines?

— ¿Qué hizo al llegar al cine?

— ¿Qué le advirtió la taquillera?

— ¿Para qué volvió Tobías a la taquilla?

— ¿Qué pensó la taquillera?

— ¿Qué hizo Tobías al rato?

— ¿Iba Tobías solo?

— ¿Por qué compraba tantas entradas?

3. Temas para debate

— La primera vez que hiciste algo: viajar en avión, ir al teatro, montar en bici...

27 EL HIJO DEL CATEDRÁTICO

El doctor Rafael González, catedrático de medicina y famoso como médico y científico, quería que su hijo, que también se llamaba Rafael, fuera médico como él.

Desde que su hijo era pequeño, había pasado muchas horas enseñándole el nombre, la posición y la **función** exacta de cada uno de los músculos, los **órganos** y los huesos del cuerpo. Rafael hijo terminó los estudios en la escuela y se matriculó en la facultad de Medicina.

Terminado el curso, los alumnos de primer año tuvieron por fin el examen de **anatomía.** El profesor González estaba convencido de que su hijo haría un buen examen, ya que durante años él mismo lo había preparado en esta **asignatura.**

El examen de anatomía era **oral.** Los alumnos eran examinados, uno por uno, por un **tribunal** compuesto por tres profesores. El padre estaba nervioso, esperando en la puerta de la sala a que saliera su hijo. En cuanto salió, le preguntó:

—¿Qué?, ¿cómo has hecho el examen?

El hijo contestó, muy contento:

—Me han dado **matrícula de honor,** papá. Y lo mejor es que sólo me hicieron una pregunta.

—Me alegro, hijo, estoy muy orgulloso de ti. ¿Cuál fue la pregunta que te hicieron?

—*¿De quién eres hijo?*

1. Expresiones y léxico

función: misión, cometido, trabajo que realiza algo o alguien.

órgano: cualquiera de las partes del cuerpo animal o humano que tiene una función.

anatomía: parte de la medicina que estudia el cuerpo humano.

asignatura: cada una de las materias que se enseñan en un instituto o universidad.

oral: expresado con palabras.

tribunal: conjunto de profesores ante el cual se realizan los exámenes.

matrícula de honor: máxima calificación que se puede dar a un alumno.

2. Actividades de comprensión

— ¿Quién era Rafael González?
— ¿Qué quería que fuera su hijo?
— ¿Qué había hecho con su hijo desde que éste era pequeño?
— ¿Dónde se matriculó Rafael hijo?
— ¿Qué pasó unos meses después?
— ¿De qué estaba convencido el doctor González?
— ¿De qué era el examen que tenía Rafael hijo?
— ¿Cómo se realizaba el examen?
— ¿Qué nota sacó Rafael hijo?
— ¿Cuál fue la única pregunta que le hicieron?

3. Temas para debate

— Sistemas de examen. Calificaciones.

28 TOBÍAS EN LA BAÑERA

Cuando Tobías comenzó el servicio militar, el sargento comunicó a los soldados que al día siguiente iba a llevarles a un examen médico. La mañana siguiente, Tobías se levantó, se vistió y en el momento en que se disponía a salir para la **enfermería,** se encontró de frente con el sargento. Éste lo miró de arriba a abajo y le ordenó de inmediato:

—¡A la bañera!

Tobías cumplió la orden, pero cuando se disponía a salir del baño, se le acercó de nuevo el sargento y le preguntó:

—¿Sabes por qué te he mandado a la bañera, soldado?

—No, mi sargento.

—Entonces, ¡vete otra vez a la bañera! Y no te muevas de ahí hasta que yo vuelva.

Al rato, volvió a aparecer el sargento y dijo:

—¿Has conseguido averiguar ya por qué te he mandado a la bañera?

—Sí, mi sargento, ¡qué estúpido por mi parte, no haberme dado cuenta antes! Ahora ya **veo claro** que lo que usted quiere es *prepararme para la* **Marina.**

1. Expresiones y léxico

enfermería: lugar donde, en el ejército, se atiende a los enfermos o heridos.

ver claro: entender, comprender.

Marina: conjunto de las fuerzas militares que operan en el mar.

darse cuenta: notar, comprender, deducir.

2. Actividades de comprensión

— ¿Qué le realizaron a Tobías durante el servicio militar?

— ¿Qué hizo Tobías el día del examen médico?

— ¿Con quién se encontró cuando se disponía a salir para la enfermería?

— ¿Qué le ordenó el sargento a Tobías?

— ¿Qué pasó cuando Tobías iba a salir del cuarto de baño?

— ¿Qué le ordenó el sargento esta vez?

— ¿Qué le preguntó el sargento a Tobías?

— ¿Por qué creía Tobías que el sargento lo mandaba tantas veces a la bañera?

— El aspecto de Tobías, ¿era limpio o sucio?

3. Temas para debate

— Higiene y aseo personal.

29 DOCTOR EN TEOLOGÍA

Don Alberto Tarazona era un sacerdote, profesor de **Teología** en el **seminario.** En un seminario estudian alumnos que **posteriormente** serán sacerdotes.

Don Alberto era un hombre sencillo y liberal y cuando no era necesario no vestía el traje de sacerdote. Vivía en una casita en la parte antigua de la ciudad. Junto a la puerta de entrada de su casa había un pequeño letrero en el que se podía leer:

ALBERTO TARAZONA - DOCTOR EN TEOLOGÍA

En una ocasión, Concepción, la vieja criada del profesor Tarazona, abrió la puerta a una vecina que, sin duda, había confundido a Don Alberto Tarazona con un médico, ya que normalmente a los médicos se les llama *doctor*.

—¿Está el doctor Tarazona? —preguntó la mujer—. Mi marido se ha puesto gravemente enfermo y necesito que venga urgentemente a visitarlo.

—Lo siento mucho, señora, pero eso no serviría de nada —le contestó Concepción—. El doctor Tarazona no es de los doctores que salvan a las personas de la muerte, sino de los que las **convencen** de que después de ella vivirán mejor.

1. Expresiones y léxico

teología: ciencia que estudia las religiones y todo lo relacionado con Dios.

seminario: lugar en el que los jóvenes se preparan para ser sacerdotes.

posteriormente: luego, más tarde.

convencer: incitar, mover con razones a alguien a hacer algo o a cambiar de opinión o de comportamiento.

2. Actividades de comprensión

— ¿Quién era Don Alberto Tarazona?
— ¿Qué es un seminario?
— ¿Cómo era Don Alberto?
— ¿Dónde vivía?
— ¿Qué decía el letrero que tenía en la puerta de su casa?
— ¿Quién era Concepción?
— ¿A quién abrió la puerta?
— ¿Con quién confundió la vecina a Don Alberto?
— ¿Para qué le necesitaba?
— ¿Qué le contestó Concepción a la vecina?

3. Temas para debate

— Sacerdotes y médicos.

30 EN LA AUTOESCUELA

El señor Gutiérrez dudaba de la **habilidad** de su hijo Damián para conducir un coche. Finalmente, ante la insistencia del chico, accedió a que fuera a una autoescuela, para aprender a conducir. Damián iba todos los días a practicar y, a la vuelta, le decía a su padre:

—Estoy haciendo grandes **progresos,** papá.

Una tarde, el padre se acercó al lugar donde se realizaban las prácticas y observó a su hijo, que conducía el coche, sentado junto al **instructor.** Cuando el muchacho, feliz, salió del vehículo, el señor Gutiérrez le preguntó:

—¿Tú crees que con este instructor vas a aprender algo? Pero, ¡si es un anciano! ¿No ves que tiene todo el pelo blanco?

Y el instructor, que había oído estas palabras, exclamó:

—Señor, me está usted **ofendiendo**. Sepa que cuando empecé a dar lecciones a su hijo mi cabello era tan negro como el suyo.

1. Expresiones y léxico

habilidad: capacidad para hacer algo.
acceder: estar de acuerdo en hacer o permitir algo.
progreso: mejora, avance.
instructor: profesor.
ofender: molestar, hacer que alguien se sienta insultado.

2. Actividades de comprensión

— ¿De qué dudaba el señor Gutiérrez?
— ¿Qué decidió, a pesar de eso?
— ¿Qué le decía Damián a su padre todos los días?
— ¿Adónde fue una tarde el señor Gutiérrez?
— ¿Qué observaba en aquel lugar?
— ¿De dónde salió Damián?
— ¿Qué le preguntó el padre al hijo?
— ¿Cómo era el instructor?
— ¿De qué color era antes el pelo del instructor?
— ¿Cuándo se le volvió el pelo blanco?

3. Temas para debate

— Jóvenes al volante.

31 UNA MUJER FÉRTIL

Zulema era una mujer colombiana que tenía veintidós hijos, todos chicos.

Vivían todos juntos en una casa en la selva, junto a un gran río.

Un periódico de la capital se enteró de que había una mujer con muchos hijos y publicó la noticia. De inmediato, muchos periodistas fueron a hablar con Zulema.

—¿Cómo se llaman sus hijos? —fue la primera pregunta de un periodista.

—Rubén—. Contestó Zulema.

—¿Y los demás?

—Rubén. Todos se llaman Rubén.

—Pero, ¿por qué?

—Porque me gusta mucho ese nombre. Además, tiene sus **ventajas**: **imagínese** que tengo que llamar a cada uno de ellos para que todos vengan a cenar; sería un problema. En cambio, así me basta gritar: ¡*Rubén!*, y vienen todos.

—**Ya**, pero ¿y si quiere llamar sólo a uno de ellos?

—Entonces le llamo por su primer apellido.

1. Expresiones y léxico

ventaja: aspecto o característica buena de algo.
imaginar: pensar.
ya: sí (ya comprendo, ya entiendo).

2. Actividades de comprensión

— ¿Qué nacionalidad tenía la mujer?
— ¿Cómo se llamaba?
— ¿Cuántos hijos tenía?
— ¿Quiénes vinieron un día a hablar con ella?
— ¿Por qué era interesante Zulema para los periodistas?
— ¿Qué le preguntaron?
— ¿Cómo se llamaban los hijos?
— ¿Cuántos hijos tenían el mismo nombre?
— ¿Qué ventaja tenía que todos los hijos se llamasen igual?
— ¿Qué le preguntaron entonces los periodistas?
— ¿Qué hacía Zulema cuando quería llamar solamente a uno de sus hijos?
— ¿Qué significado tiene que los primeros apellidos fuesen distintos?

3. Temas para debate

— La maternidad.
— Los sistemas de nombres y apellidos en los distintos países.

32 EL APARCACOCHES

En el **vestíbulo** de un hotel de lujo, en Madrid, Tobías encontró a un viejo conocido llamado Julián. Tobías se ofreció amablemente a llevar a Julián en su coche al Ministerio de Industria, donde Julián tenía que resolver algunos asuntos.

Al salir del hotel, Tobías avisó al **aparcacoches.** Éste vino en seguida con un **Mercedes Benz** último modelo y entregó las llaves a Tobías, quien le dio diez mil pesetas de propina.

Tobías y Julián se montaron en el coche y comenzaron a hablar. Tobías preguntó:

—¿Te sigues dedicando a los negocios de **importación**? Supongo que las cosas te irán bien.

Julián, asombrado por el lujoso vehículo de su amigo, le dijo:

—Sí, las cosas me van muy bien, pero, ¡caramba, Tobías! A ti sí que parece que todo te va estupendamente. Mira qué vehículo tienes y qué buena **propina** le has dado al aparcacoches.

—No, hombre —respondió Tobías—. Las cosas me van bien, pero no tanto. Lo que pasa es que yo le había dado para que me aparcara un **Volkswagen** viejo y ¡mira lo que me ha traído!

1. Expresiones y léxico

vestíbulo: sala grande situada inmediatamente detrás de la puerta de entrada.

aparcacoches: hombre que aparca los coches en hoteles, restaurantes, etcétera.

Mercedes Benz: marca de coches muy lujosos.

importación: negocio de compra de productos de un país extranjero.

propina: dinero que se da en bares, restaurantes, etc., como gratificación por el servicio.

Volkswagen: marca de coches utilitarios, menos lujosos que los Mercedes.

2. Actividades de comprensión

— ¿Dónde estaba Tobías?
— ¿A quién se encontró allí?
— ¿Adónde llevó Tobías a Julián?
— ¿Qué tenía que hacer Julián en aquel lugar?
— ¿Cuándo avisó Tobías al aparcacoches?
— ¿Qué coche le trajo éste?
— ¿Qué le entregó el aparcacoches a Tobías?
— ¿Cuánto dinero le dio de propina Tobías al aparcacoches?
— ¿Qué le preguntó Tobías a Julián?
— ¿Por qué estaba Julián asombrado?
— ¿Qué le respondió Julián a Tobías?
— ¿Por qué le dio Tobías tanto dinero de propina al aparcacoches?

3. Temas para debate

— Marcas de coches.
— La propina.

33 LA CARTA DE RECOMENDACIÓN

Tobías consiguió un trabajo en una importante **editorial** de Barcelona. Su trabajo consistía en meter libros en cajas, que eran posteriormente enviadas a distintos lugares de España y América.

Tobías no era un buen trabajador. Era **indisciplinado** y el trabajo **rutinario** le aburría. Por eso, no solamente llegaba tarde casi todos los días, sino que además perdía mucho tiempo hablando con los compañeros.

Un día decidió cambiar de trabajo y fue a pedir una **carta de recomendación** al director de la editorial. Éste apreciaba a Tobías porque era simpático y buena persona, pero no quería mentir. No podía negarse a es-

cribir una carta de recomendación para un empleado, pero tampoco podía decir directamente la verdad. O, lo que es igual, decir que Tobías era **más bien** vago. El director era un hombre de **recursos** y, tras una cuidadosa reflexión, escribió la siguiente carta de recomendación:

*Tobías es un hombre simpático y **jovial**. Es muy leal a sus jefes y también es muy querido por sus compañeros. Será usted muy afortunado si consigue que esta persona trabaje para usted.*

1. Expresiones y léxico

editorial: empresa que publica y vende libros.
indisciplinado: desobediente, que no hace caso a lo que se le ordena.
rutinario: trabajo aburrido, que se realiza de igual modo día tras día.
carta de recomendación: carta que escribe un jefe para dar buena información acerca de un empleado; también se llama *referencias* o *informes*.
más bien: bastante.
recursos: ideas acertadas para solucionar un problema.
jovial: alegre y agradable.

2. Actividades de comprensión

— ¿En qué ciudad consiguió Tobías un trabajo?
— ¿En qué clase de empresa?
— ¿En qué consistía el trabajo de Tobías?
— ¿Por qué no era un buen trabajador?
— ¿En qué perdía mucho tiempo?
— ¿Qué fue lo que decidió un día?
— ¿Qué fue a pedir al director de la editorial?
— ¿Por qué apreciaba el director de la empresa a Tobías?
— ¿Cuál era la verdad acerca de Tobías?
— ¿Qué clase de hombre era el director de la editorial?
— ¿Qué carta de recomendación escribió finalmente?

3. Temas para debate

— La búsqueda de empleo.
— Las cartas de recomendación.

34 EL CAMIÓN ENCAJADO EN UN TÚNEL

Una vez, un camión de gran tamaño se quedó **encajado** en el techo de un túnel que atravesaba una **elevada cadena de montañas.** La carretera quedó inmediatamente cortada y el tráfico, interrumpido.

Como era importante restablecer cuanto antes el tráfico por el túnel, las autoridades enviaron al lugar un grupo de ingenieros y especialistas para tratar de sacar el camión. Pero, a pesar de todos los esfuerzos que se hicieron, nadie consiguió moverlo. Tras tres días de intentos inútiles, pasó por allí un chico de unos diez años que, acercándose a uno de los ingenieros, le dijo:

—Señor, ¿cuánto me darían si les digo un **truco** para sacar el camión del túnel?

El ingeniero le miró con **desprecio** y dijo:

—Anda, niño, vete a jugar por ahí.

—Pero, señor, le prometo que puedo darle una buena solución a su problema. Y usted, a cambio, podría comprarme una bicicleta nueva. ¿Qué me dice?

—Está bien, **trato hecho.** Ahora dime, ¿cómo podemos sacar el camión del túnel?

—Fácil —contestó el niño—. Pruebe a **desinflar** un poco los **neumáticos** y entonces podrá sacarlo.

1. Expresiones y léxico

encajar: meter algo en un hueco muy pequeño, atascar, aprisionar.
elevado: muy alto.
cadena de montañas: conjunto de montañas unidas, cordillera.
truco: idea ingeniosa para resolver un problema.
desprecio: falta de aprecio o de cariño.
desinflar: sacar aire.
neumático: cubierta de goma muy dura que rodea la rueda de un coche o de un camión.

2. Actividades de comprensión

— ¿Dónde se quedó encajado el camión?
— ¿Quién viajó hasta el túnel en el que estaba encajado el camión?
— ¿Para qué viajó esta gente hasta allí?
— ¿Qué ocurría con todos los intentos de sacar el camión?
— ¿Cuánto tiempo estuvieron intentándolo?
— ¿Quién se acercó por aquel lugar?
— ¿Qué dijo el niño al ingeniero?
— ¿Qué pidió el niño a cambio de solucionar el problema?
— ¿Qué le contestó el ingeniero?
— ¿Qué consejo le dio el niño al ingeniero?

3. Temas para debate

— Ideas geniales.

35 LOS TÍOS DE MADRID

Tobías tenía unos tíos en Madrid. Cuando era pequeño, sus tíos venían todos los años al pueblo en un gran coche negro, conducido por un **chófer,** y traían regalos caros para toda la familia.

Cuando Tobías creció, siempre que tenía **apuros** económicos iba a ver a sus tíos o les llamaba por teléfono y ellos siempre le enviaban dinero.

Unos años después, la **prima** de Tobías anunció que iba a casarse. Tobías comunicó a sus tíos que no tenía dinero para ir a Madrid, pero que quería asistir a la **boda.** Los tíos le enviaron enseguida un billete de avión.

Poco después, Tobías llamó por teléfono a su tío y le dijo que necesitaba urgentemente que le enviara más dinero.

—Ya tienes el billete de avión —dijo el tío de Tobías—. Y cuando estés en Madrid no tendrás que pagar nada, ya que **te alojarás** en nuestra casa. Además, con la boda de tu prima tenemos demasiados gastos. Realmente, ¿para qué necesitas tanto dinero?

—¡Por dios, tío! —dijo Tobías, **dolido**—. ¡No pensarás que, después de todo lo que habéis hecho por mí todos estos años, puedo presentarme en la boda de vuestra hija sin un buen regalo!

1. Expresiones y léxico

chófer: persona cuyo oficio es conducir un coche.
apuro: situación de difícil solución.
primo(a): hijo(a) de los tíos.
boda: ceremonia de matrimonio.
alojarse: tener una casa para dormir y vivir durante unos días.
dolido: molesto, apenado.

2. Actividades de comprensión

— ¿Dónde vivían los tíos de Tobías?
— ¿Cómo venían al pueblo todos los años?
— ¿Qué traían para toda la familia?
— ¿Qué hacía Tobías para solucionar sus problemas económicos?
— ¿Quién iba a casarse?
— ¿Qué dijo Tobías a sus tíos?
— ¿Qué le enviaron ellos enseguida?
— ¿Qué dijo Tobías a su tío por teléfono?
— ¿Por qué el tío de Tobías no podía darle más dinero?
— ¿Para qué pidió Tobías más dinero a su tío?

3. Temas para debate

— Regalos de boda.

36 UN HOMBRE DE ÉXITO

Tobías recibió un día una llamada de teléfono. Era de Roberto, un amigo de la **infancia.** Roberto y Tobías habían jugado juntos de niños, **a pesar de que** Tobías era de familia pobre y el padre de Roberto tenía muchas propiedades en la provincia.

Roberto le llamaba para decirle que al día siguiente pasaría por el pueblo y que le gustaría verle. Tobías estuvo encantado de volver a ver, después de tantos años, a su viejo compañero de juegos.

Cuando se encontraron, Tobías vio que Roberto vestía muy elegantemente y que llevaba un reloj de oro muy caro. De inmediato, Roberto comenzó a hablar de sí mismo sin preguntar por la familia de Tobías.

—He trabajado mucho, pero la vida ha sido justa conmigo: soy un **ejecutivo** internacional; los negocios me van muy bien; tengo un magnífico chalet a las afueras de Madrid; mis hijos estudian, unos en Suiza y otros en Inglaterra; viajo constantemente, fíjate, sólo a Nueva York habré ido 19 ó 20 veces... ¿Y tú, Tobías?

Tobías pareció pensar por un momento y dijo:

—Yo, una o ninguna.

1. Expresiones y léxico

infancia: primeros años de la vida de una persona; niñez.
a pesar de que: sin importar que.
ejecutivo: persona que tiene un puesto importante en la dirección de una empresa.

2. Actividades de comprensión

— ¿Qué recibió un día Tobías?
— ¿Quién era Roberto?
— ¿Qué tenía su padre?
— ¿Para qué llamó Roberto a Tobías?
— ¿Por qué Tobías estaba encantado?
— ¿Qué vio Tobías cuando se encontró con Roberto?
— ¿Qué comenzó a hacer Roberto de inmediato?
— ¿A qué se dedicaba Roberto?
— ¿Qué tenía a las afueras de Madrid?
— ¿Dónde estudiaban los hijos de Roberto?
— ¿Cuántas veces había ido él a Nueva York?
— ¿Qué le preguntó a Tobías?
— ¿Qué le respondió Tobías a Roberto?

3. Temas para debate

— Amistades de la infancia.

37 TOBÍAS Y LA MUJER TERCA

A las cuatro de la madrugada, el teléfono de Tobías comenzó a sonar. Tobías se levantó de la cama, fue al salón y **descolgó** el teléfono. Una voz de mujer preguntó:

—¿Está José Manuel?

—No, en esta casa no hay nadie con ese nombre.

—Me refiero a José Manuel García, que trabaja en el Banco de Crédito.

—No, ya le digo que aquí no es. Aquí no vive nadie con ese nombre.

—Pero, ¿cómo?... ¿No es el 48 57 59?

—No, se ha equivocado.

—Oiga, perdone que **insista**. ¿Está seguro de que no es el 48 57 59? Le aseguro que yo he marcado bien.

Tobías, múy **caballeroso,** contestó:

—No lo pongo en duda, señora. Seré yo el que habré descolgado mal.

1. Expresiones y léxico

descolgar: coger el teléfono para hablar.
insistir: volver a hacer o decir algo.
caballeroso: amable, cortés, gentil con las mujeres.

2. Actividades de comprensión

— ¿Dónde sonó el teléfono?
— ¿A qué hora sonó?
— ¿Qué hizo Tobías al oírlo?
— ¿Quién contestó a Tobías?
— ¿Por quién preguntaba?
— ¿Qué contestó Tobías a la mujer?
— ¿A quién se refería ella?
— ¿Qué le volvió a contestar Tobías?
— ¿A qué número llamaba la mujer?
— ¿Era ése el número de Tobías?
— ¿Qué le contestó caballerosamente Tobías a la señora?

3. Temas para debate

— La caballerosidad.

38 UNA FAMILIA DE EGOÍSTAS

Gonzalo, el hijo de Tobías, llegó un día de la escuela, se dirigió a la habitación de su hermana **Charo** y le dijo:

—Charo, guapa, préstame tu bolígrafo, que tengo que hacer las **tareas** del colegio.

La hermana respondió:

—No, porque me lo gastas.

Gonzalo, **decepcionado,** fue entonces a ver a su padre, que estaba haciendo cuentas en la mesa del salón.

—Papá, por favor, préstame tu bolígrafo; es para hacer los ejercicios del colegio.

Tobías, casi sin mirarlo, le respondió:

—No, porque se gasta.

Gonzalo se fue a la cocina, donde su madre estaba preparando la cena.

—Mamá, por favor, por favor, préstame tu bolígrafo.

La madre también le respondió:

—¡No, hijo, que se gasta y lo necesito para hacer la lista de las compras!

Gonzalo se quitó la gorra, se rascó la cabeza y **se lamentó,** diciendo:

—¡Qué familia de egoístas! ¡Qué familia la mía! ¡**No tendré más remedio** que usar mi propio bolígrafo!

1. Expresiones y léxico

Charo: forma abreviada de *Rosario,* nombre femenino.

tarea: deberes del colegio, trabajos que los profesores mandan para que se hagan en casa.

decepcionado: enfadado, desilusionado.

lamentarse: quejarse, expresar contrariedad.

no tener más remedio: no tener otra solución más que ésa.

2. Actividades de comprensión

— ¿Adónde se dirigió Gonzalo al llegar a su casa?
— ¿Qué le pidió a su hermana Charo?
— ¿Para qué quería Gonzalo el bolígrafo?
— ¿Qué le respondió Charo?
— ¿A quién se dirigió entonces Gonzalo?
— ¿Qué estaba haciendo Tobías?
— ¿Qué preguntó Gonzalo a su padre?
— ¿Qué contestó Tobías a su hijo?
— ¿Adónde se fue entonces Gonzalo?
— ¿Qué contestó la madre a la pregunta que le hizo Gonzalo?
— ¿Qué hizo entonces Gonzalo?
— ¿Qué dijo Gonzalo lamentándose?

3. Temas para debate

— Generosidad y egoísmo.
— Tareas escolares para hacer en casa.

39 DESMEMORIADO

Tobías fue a la ciudad, a visitar a su viejo maestro, Don Anselmo, que había cumplido noventa años. Tobías le llevó una tarta, ya que sentía un gran **afecto** por él.

Don Anselmo había sido un profesor amable y paciente, que había conseguido enseñar a Tobías, a pesar de que éste había sido un alumno indisciplinado y un mal estudiante. Don Anselmo recibió a Tobías, se puso muy contento de que un antiguo alumno se acordara aún de él e insistió en invitarlo a comer.

A Tobías le extrañó que durante la comida Don Anselmo le dijera siempre a su mujer cosas amables y cariñosas. Al comenzar a comer dijo:

Cariñito, *pásame la sal.* Al cabo de un rato se dirigió a ella diciendo: *Amorcito, ¿me das el pan?* Al final de la comida le explicó: *Cielito, hoy no fregaré, porque ha venido este antiguo alumno a verme.*

Cuando Tobías se quedó solo con Don Anselmo, le dijo en voz baja:

—Don Anselmo, estoy muy sorprendido. Parece increíble, con la cantidad de años que lleva usted casado con su mujer, que aún exista un amor tan grande entre los dos. Le dice usted unas palabras muy cariñosas.

Don Anselmo miró hacia la puerta de la cocina y respondió:

—No es eso. Es que la memoria me falla. Hace ya diez años que no me acuerdo de cómo se llama esa mujer.

1. Expresiones y léxico

afecto: sentimiento de cariño y respeto hacia alguien o hacia algo.
cariñito, amorcito, cielito: diminutivos de *cariño*, *amor* y *cielo*, tres palabras cariñosas que suelen decirse los enamorados.

2. Actividades de comprensión

— ¿A qué fue Tobías a la ciudad?
— ¿Cuántos años había cumplido Don Anselmo?
— ¿Qué le regaló Tobías?
— ¿Qué clase de alumno era Tobías?
— ¿Qué había conseguido Don Anselmo?
— ¿Qué frases le decía Don Anselmo a su mujer durante la comida?
— ¿Por qué estaba Tobías tan asombrado?
— ¿Hacia donde miró Don Anselmo antes de contestar a Tobías?
— ¿Qué le pasaba a la cabeza de Don Anselmo?
— ¿Qué pasaba desde hacía ya diez años?

3. Temas para debate

— Los viejos maestros.

40 EL ANCIANO ENAMORADO

Don Elías era un **antiguo conocido** de Tobías. Había estado casado y había tenido varios hijos, pero ahora estaba **viudo** y sus hijos no vivían con él. Para **distraerse** decidió hacer un viaje al extranjero. En la agencia de viajes le recomendaron que hiciera un viaje organizado, por Grecia y por las islas griegas.

Los viajes organizados tienen la ventaja de que son muy animados, porque en ellos **coinciden** personas de diversas edades y de distinta **procedencia.** A la vuelta del viaje, Don Elías llamó a Tobías y le dijo que tenía que hablar urgentemente con él.

—Tobías, tú eres un hombre con experiencia y un buen amigo mío. De verdad necesito tu consejo. En el viaje a Grecia he conocido a Penélope,

una chica preciosa y simpatiquísima, de Málaga. Nos hemos hecho muy amigos. Penélope me gusta mucho y me quiero casar con ella, pero no sé cómo hacerlo. Ella es muy joven y yo tengo ya sesenta y cinco años. ¿Crees que tendría más posibilidades si le dijera que tengo sólo cincuenta?

—¿Cuántos años tiene ella? —preguntó Tobías.

—Veintidós.

—Entonces —dijo Tobías—, lo que tienes que hacer es **derrochar** todos tus **ahorros** con ella, para que se crea que eres muy rico, y decirle que tienes ochenta y cinco años.

1. Expresiones y léxico

antiguo conocido: persona a la que se conoce desde hace mucho tiempo.

viudo: hombre cuya mujer ha muerto.

distraerse: entretenerse, pasarlo bien, divertirse.

coincidir: encontrarse dos o más personas en el mismo lugar.

procedencia: origen.

derrochar: gastar mucho dinero rápidamente.

ahorros: dinero que guarda una persona para gastarlo si ocurre cualquier situación no esperada.

2. Actividades de comprensión

— ¿Quién era Don Elías?
— ¿Cuántos hijos había tenido?
— ¿Cómo estaba ahora?
— ¿Qué decidió hacer Don Elías para distraerse?
— ¿Por dónde hizo el viaje organizado?
— ¿Qué ventaja tienen los viajes organizados?
— ¿Cuándo llamó Don Elías a Tobías?
— ¿A quién había conocido Don Elías en el viaje?
— ¿Qué quería hacer?
— ¿Cuántos años tenía Don Elías?
— ¿Qué le preguntó a Tobías?
— ¿Cuántos años tenía Penélope?
— ¿Qué consejo le dio Tobías a Don Elías?

3. Temas para debate

— Los viajes organizados.
— Los matrimonios de edades desiguales.

41 TREINTA AÑOS MENOS

Una señora ya **entrada en años** visita a un **cirujano plástico** y le dice:

—Doctor, yo necesito que usted me quite treinta años. He conocido, por **correspondencia,** a un hombre maravilloso, un australiano, y dentro de un mes vendrá a verme porque ha decidido casarse conmigo. El problema es que le he dicho que tengo treinta años menos de los que tengo en realidad. No me importa el dinero, necesito aprovechar esta ocasión única en mi vida.

El doctor realiza un examen y comprueba que el tiempo ya ha hecho mucho daño en el físico de la mujer, por lo que le informa:

—Señora, yo no me siento capaz de hacer lo que usted me pide.

—Pero doctor… entonces, **recomiéndeme** a alguien.

El doctor **anota** algo en un papel y se lo da a la señora.

—Aquí está la dirección de alguien que le puede quitar esos años que quiere.

—¿Es otro cirujano plástico?

— No, es uno que **falsifica partidas de nacimiento.**

1. Expresiones y léxico

entrada en años: persona madura.

cirujano plástico: médico que se dedica a embellecer el cuerpo.

correspondencia: intercambio de cartas.

recomendar: aconsejar a alguien que haga cierta cosa o que visite a cierta persona.

anotar: escribir, apuntar.

falsificar: hacer un documento falso.

partida de nacimiento: documento en el que se escribe el nombre del niño recién nacido, con la fecha y el lugar del nacimiento.

2. Actividades de comprensión

— ¿A quién fue a visitar la señora?

— ¿Cuántos años quería que le quitaran?

— ¿A quién había conocido la señora por correspondencia?

— ¿Para qué quería operarse?

— ¿Qué había decidido el australiano?

— ¿Cuál era el problema que tenía la señora?

— ¿Qué comprobó el cirujano tras realizar un examen?

— ¿Qué le dijo a la señora?

— ¿Qué le pidió entonces ella?

— ¿Qué le dio el cirujano?

— ¿Qué le preguntó la señora?

— ¿De quién era la dirección que el cirujano le había dado?

3. Temas para debate

— La cirugía plástica: rejuvenecimientos artificiales.

— El culto al cuerpo.

42 TOBÍAS, HOMBRE DE NEGOCIOS

Tobías **se ganaba la vida** como podía. Trabajaba en todo. **A lo largo de** su vida había tenido muchos oficios y profesiones, pero **aspiraba** a ser un hombre de negocios.

Un hombre de negocios compra en un lugar cosas que estén baratas y las vende en otro lugar a un precio mayor. Severiana, la mujer de Tobías, le aconsejaba que no se metiera en negocios porque, según ella, no era lo suficientemente listo. Tobías quería demostrarle a su mujer y a toda su familia que era un hombre de negocios muy listo.

Finalmente, Tobías llegó un día a su casa con la **cara radiante** y dijo:

—¿Os acordáis del perro que compré hace una semana por trescientas pesetas? Pues hoy lo he vendido por un millón.

Severiana le miró, **desconfiada,** y dijo:

—¿Por un millón? Y… ¿dónde está el dinero?

—Bueno —dijo Tobías—, me han dado dos gatos de quinientas mil pesetas cada uno.

1. Expresiones y léxico

ganarse la vida: cobrar, por el trabajo, dinero para poder vivir.
a lo largo de: durante.
aspirar: intentar, querer conseguir algo.
cara radiante: cara de felicidad, muy alegre y satisfecha.
desconfiado: persona que no se cree lo que los demás le dicen.

2. Actividades de comprensión

— ¿Cómo se ganaba la vida Tobías?
— ¿Qué había tenido a lo largo de su vida?
— ¿Qué aspiraba a ser?
— ¿Qué hacen los hombres de negocios?
— ¿Qué le aconsejó Severiana?
— ¿Por qué no quería ella que Tobías se metiera en negocios?
— ¿Cómo llegó un día Tobías a su casa?
— ¿Por cuánto había comprado el perro?
— ¿Por cuánto lo había vendido?
— ¿Qué le preguntó entonces Severiana?
— ¿Qué le habían dado a Tobías en vez del millón de pesetas?

3. Temas para debate

— Buenos y malos negocios.

43 FIESTA DE DISFRACES

Para celebrar el fin de año, el Ayuntamiento había organizado un baile de **disfraces.** El alcalde ofreció un premio de cinco mil pesetas al que tuviera el disfraz más original.

Todos los vecinos del pueblo acudieron al baile, cada uno con un disfraz diferente. Tobías consiguió, gracias a un amigo que trabajaba en un circo, un disfraz muy original: un traje de gorila. El disfraz de Tobías tuvo mucho éxito y ganó el premio.

Pero Tobías tuvo un problema: bebió demasiada cerveza y en toda la noche no pudo **ir al servicio,** porque para ello hubiera tenido que quitarse todo el traje. Cuando iba de vuelta hacia su casa, no pudo aguantar más, se quitó el disfraz, se quedó desnudo y se puso a **orinar** junto a una pared.

En ese momento apareció un policía con bigote y gafas. Tobías, **avergonzado,** le dio cinco mil pesetas, que era la **multa** con la que en el pueblo se castigaba ese tipo de **infracciones.** Tobías se disculpó diciendo:

—Es que he estado disfrazado toda la noche.

El otro, mientras salía corriendo, le respondió:

—Y yo también.

1. Expresiones y léxico

disfraz: ropa que alguien se pone para parecer algo distinto de lo que es.

ir al servicio: ir al cuarto de baño para orinar.

orinar: expulsar aguas del cuerpo.

avergonzado: con sentimiento de culpa por haber cometido una acción prohibida.

infracción: acción en contra de lo que manda la ley.

2. Actividades de comprensión

— ¿Qué había organizado el Ayuntamiento para celebrar el fin de año?

— ¿Qué ofreció el alcalde?

— ¿A quién ofrecía el premio?

— ¿Cómo acudieron los vecinos al baile?

— ¿Qué disfraz consiguió Tobías?

— ¿Qué ganó gracias a su disfraz?

— ¿Qué problema tuvo?

— ¿Qué hizo de vuelta a su casa?

— ¿Quién apareció en ese momento?

— ¿Cuánto tuvo que pagar Tobías de multa?

— ¿Cómo se disculpó con el policía?

— ¿Qué le respondió el policía mientras salía corriendo?

3. Temas para debate

— Las fiestas de disfraces.

— Las multas.

44 TOBÍAS EN EL OCULISTA

Tobías y su mujer, Severiana, fueron al **oculista** porque Tobías tenía problemas de visión. El médico, un hombre de mediana edad con el pelo blanco, le hizo sentarse en un **taburete** y le dijo **secamente:**

—Tápese el ojo izquierdo con la mano derecha y mire a mi mano derecha.

—¿Me lo puede repetir? —dijo Tobías, confuso.

El oculista repitió la orden varias veces más, pero Tobías estaba demasiado nervioso para entender las instrucciones. El médico, que no quería

perder tiempo, cogió una caja de cartón, le hizo un agujero, la puso sobre la cabeza de Tobías y le dijo:

—Ahora, míreme y fíjese en la mano que estoy moviendo.

El oculista se dio cuenta de que del ojo de Tobías estaban cayendo lágrimas y preguntó:

—Pero... ¿por qué llora?

—Verá, doctor —interrumpió Severiana—. Es que él creía que le iban a poner unas gafas de cristal y le hacía ilusión tener aspecto de hombre **intelectual.**

1. Expresiones y léxico

oculista: médico que se ocupa de los ojos.
taburete: asiento alto, sin respaldo.
secamente: fríamente, sin amabilidad.
intelectual: persona culta, aficionada a leer y escribir.

2. Actividades de comprensión

— ¿Adónde fue Tobías?
— ¿Quién le acompañó?
— ¿Por qué fue Tobías al oculista?
— ¿Cómo era el oculista?
— ¿Qué le dijo a Tobías?
— ¿Qué le pidió Tobías al oculista?
— ¿Por qué no entendía Tobías las instrucciones?
— ¿Qué hizo el oculista para no perder tiempo?
— ¿Qué dijo entonces el oculista a Tobías?
— ¿De qué se dio cuenta el oculista?
— ¿Qué preguntó a Tobías?
— ¿Qué respondió Severiana al oculista?
— ¿Por qué lloraba Tobías?

3. Temas para debate

— El cuidado de la imagen.

45 LO NUNCA VISTO

Tobías estaba en lo alto de una **loma,** al atardecer, y vio pasar, a lo lejos, a un amigo suyo, cargado con un saco. Tobías le hizo señas para que se acercara. El hombre se acercó y cuando estaba al pie de la colina, Tobías le gritó:

—Rafael, Rafael, mira, ven aquí. No te lo pierdas. ¡Esto es extraordinario! ¡Sube enseguida!

Rafael no quería subir hasta donde estaba Tobías, porque se encontraba muy lejos y porque el saco que llevaba pesaba mucho y tampoco quería dejarlo en el suelo, por miedo a que se lo robasen. Diciendo adiós a Tobías con la mano, le gritó:

—No puedo, tengo prisa, luego me lo cuentas. ¡Hasta luego!

Pero Tobías volvió a hacerle gestos para que subiera, al mismo tiempo que le gritaba:

—¡Rafael, Rafael, date prisa, sube!

Finalmente, Rafael se sintió **intrigado,** decidió hacer caso a Tobías y comenzó a subir la cuesta con esfuerzo. Después de veinte minutos, llegó **resoplando** a lo alto de la cumbre y le dijo a Tobías:

—¿Qué, qué?

Tobías, muy **satisfecho,** le dijo:

—Fíjate, desde aquí se ve tu casa.

1. Expresiones y léxico

lo nunca visto: expresión idiomática con que se designa algo excepcional.

loma: pequeña elevación del terreno.

intrigado: interesado, con curiosidad.

resoplar: expulsar el aire de un modo muy fuerte y haciendo mucho ruido, para aliviar el cansancio.

satisfecho: contento.

2. Actividades de comprensión

— ¿Dónde estaba Tobías?

— ¿A quién vio a lo lejos desde allí?

— ¿Para qué le hizo Tobías señas a su amigo?

— ¿Qué le dijo cuando llegó al pie de la colina?

— ¿Por qué no quería subir Rafael a la colina?

— ¿Por qué no quería dejar el saco en el suelo?

— ¿Qué le dijo Rafael a Tobías?

— ¿Qué comenzó a hacer Rafael?

— ¿Cuánto tardó en subir la colina?

— ¿Qué le dijo a Tobías, una vez que llegó a la cumbre de la colina?

— ¿Qué le respondió Tobías?

3. Temas para debate

— Los amigos impertinentes.

46 TOBÍAS EN LA PLAYA

Aquel verano, la familia de Tobías decidió ir a pasar sus vacaciones en el mar. Alquilaron, conjuntamente con Felipe y Eulalia, una pareja de amigos, un pequeño apartamento en la playa de Torremolinos para todo el mes de agosto.

En España hay gran cantidad de playas, adonde cada año **acuden** muchos turistas españoles y extranjeros, y Torremolinos, situado en la Costa del Sol, en la provincia de Málaga, es uno de los lugares turísticos preferidos por los **forasteros.** A Torremolinos van muchas suecas, danesas, italianas y de otros países, todas muy jóvenes y muy guapas.

Tobías **se jactaba** de que hablaba todas las lenguas y la verdad es que conseguía hacerse entender con pocas palabras y muchos gestos. El pri-

mer día que fueron a bañarse a la playa, Tobías se acercó a un grupo de chicas extranjeras y comenzó a hablar y a bromear con una de ellas. Eulalia, la amiga de Severiana, le dijo:

—Mira, allí. Tu marido esta intentando **ligar** con una sueca guapísima.

—Je, je, je —sonrió Severiana.

—Tu marido intenta ligar y ¿tú te ríes? —se extrañó Eulalia.

—Sí, y además estoy contando el tiempo, para ver cuánto aguanta metiendo la barriga para adentro.

1. Expresiones y léxico

acudir: ir a un sitio.

forastero: persona que viene de otro lugar; en este caso, extranjero.

jactarse: presumir, decir con orgullo que se tienen determinadas cualidades.

ligar: intentar entablar relación con otra persona.

2. Actividades de comprensión

— ¿Qué decidió la familia de Tobías aquel verano?

— ¿Qué alquilaron?

— ¿Con quién alquiló la familia de Tobías el apartamento?

— ¿Qué hay en España?

— ¿Qué es Torremolinos?

— ¿Qué hay en Torremolinos?

— ¿De qué se jactaba Tobías?

— ¿Qué conseguía?

— ¿Qué hizo el primer día que fue a bañarse a la playa?

— ¿Qué le dijo Eulalia a Severiana?

— ¿Por qué se reía Severiana?

3. Temas para debate

— El turismo de la Costa del Sol.

— El atractivo de las turistas extranjeras.

47 TOBÍAS PINTA LA CARRETERA

En la oficina de empleo del Ayuntamiento **contrataron** a Tobías para arreglar las carreteras. El **capataz** encargado de las obras preguntó a Tobías que si era bueno pintando, porque necesitaba que pintara las **líneas divisorias** de la carretera.

Las carreteras tienen una línea blanca en el centro, para indicar a los conductores el sitio por donde deben conducir. Tobías contestó que él era un buen pintor y que pronto lo demostraría.

El capataz le dio a Tobías una lata de pintura blanca y una **brocha**. El primer día Tobías pintó siete kilómetros de línea blanca. El capataz quedó

maravillado y le felicitó. Al día siguiente Tobías pintó cuatro kilómetros. El capataz pensó que Tobías había hecho un buen trabajo.

El tercer día Tobías pintó medio kilómetro. El capataz pensó que los días anteriores Tobías había trabajado demasiado y que era normal que ahora trabajase menos. Como ese día comenzaba el fin de semana, sin duda descansaría y el lunes volvería al trabajo con todas sus fuerzas. El lunes de la semana siguiente Tobías pintó solamente sesenta metros. El capataz, **intrigado,** se acercó a Tobías y le dijo:

—Pintó usted siete kilómetros el primer día y cuatro el segundo. ¿Cómo es que hoy sólo ha pintado sesenta metros?

—Bueno, tiene usted que tener en cuenta que el bote de pintura me queda cada vez más lejos —respondió Tobías.

1. Expresiones y léxico

contratar: dar trabajo a alguien.
capataz: persona que organiza y controla la labor de un grupo de trabajadores.
línea divisoria: línea blanca o amarilla en el centro de una carretera.
brocha: pincel ancho, de forma plana.
intrigado: interesado, con mucha curiosidad.

2. Actividades de comprensión

— ¿Dónde contrataron a Tobías?
— ¿Para qué le contrataron?
— ¿Qué le preguntó el capataz?
— ¿Qué le respondió Tobías?
— ¿Qué le dio el capataz a Tobías para trabajar?
— ¿Cuántos kilómetros pintó Tobías el primer día?
— ¿Cuántos pintó el segundo día?
— ¿Cuántos pintó el tercer día?
— ¿Qué pensó el capataz cuando vio que había pintado menos?
— ¿Cuánto pintó Tobías el lunes de la siguiente semana?
— ¿Qué le preguntó el capataz, intrigado?
— ¿Qué le respondió entonces Tobías?

3. Temas para debate

— Organización del trabajo.

48 LA TROMPETA

Un hombre fue a la **consulta** del médico porque tenía fuertes dolores en una rodilla. El médico lo examinó atentamente, le hizo varias pruebas y finalmente le dijo:

—Creo que ya sé lo que le pasa. Por casualidad, ¿toca usted la trompeta?

—Sí, doctor, ¿por qué?

—Pues porque precisamente ésa es la causa del dolor que usted tiene en la rodilla.

El hombre se tocó la rodilla, pensó un poco y luego dijo:

—Pero, doctor, ¿qué tiene que ver el tocar la trompeta con que la rodilla me duela?

El médico le miró muy serio y le dijo:

—Mire: yo soy médico, he estudiado seis años de **medicina general** y cuatro de **especialidad** y sé que es así. Por lo tanto, no toque más esa trompeta si quiere curarse.

—Está bien —dijo el hombre, resignado—, usted es el **especialista.** Venderé la trompeta.

Cuando el paciente salió de la consulta, la enfermera, intrigada por el **diagnóstico,** le dijo al doctor:

—Pero, doctor, realmente yo no veo la relación entre la trompeta y el dolor de rodilla.

—La explicación es muy sencilla: aunque él no lo sabe, vivimos en el mismo edificio y me vuelve loco cuando diariamente se pone a tocar la **maldita** trompeta.

1. Expresiones y léxico

consulta: oficina o despacho donde los médicos reciben a los pacientes.

medicina general: estudios universitarios para poder ser médico.

especialidad: estudios de medicina sobre algunas enfermedades concretas.

especialista: en este caso, médico que sabe mucho acerca de una rama de la medicina.

diagnóstico: decisión a la que llega un médico acerca de la enfermedad que sufre el paciente.

maldita: en este caso, que molesta.

2. Actividades de comprensión

— ¿Por qué fue el hombre a la consulta del médico?
— ¿Qué hizo el médico?
— ¿Qué le preguntó finalmente al paciente?
— ¿Qué le respondió éste?
— ¿Cuál era la causa del dolor en la rodilla?
— ¿Qué le preguntó el paciente al doctor?
— ¿Cuántos años había estudiado el médico?
— ¿Qué tenía que hacer el paciente si quería curarse?
— ¿Qué iba a hacer con la trompeta?
— ¿Quién se quedó intrigado por el diagnóstico?
— ¿Qué le preguntó la enfermera al doctor?
— ¿Por qué le había dado el doctor ese diagnóstico al paciente?

3. Temas para debate

— Los estudios de medicina en España y en otros países.

49 CADA UNO EN SU SITIO

Cuando Tobías era alcalde de Villarriba, estuvo dos semanas en Madrid, **ingresado** en un hospital. Durante su ausencia, los **concejales** del Ayuntamiento tuvieron una reunión en la que aprobaron el permiso de instalación de una **fábrica química** en el pueblo.

Tobías, como alcalde, siempre había estado en contra de la **concesión** del permiso porque la fábrica era **contaminante** y podía afectar a las aguas del pueblo. Sin embargo, los que querían instalar la fábrica consiguieron convencer a la mayoría de los concejales. A algunos de ellos los **persuadieron** entregándoles grandes cantidades de dinero.

Cuando Tobías volvió al pueblo, reunió a todos los concejales en el salón del Ayuntamiento y les dijo:

—¡Todos los concejales de ese lado de la habitación son unos **corruptos** y los del otro lado son tontos!

Mariano, un concejal que era del mismo grupo político que Tobías, se levantó y gritó, indignado:

—Perdona, pero ¡yo no soy un corrupto!

—Entonces, cámbiate de lado, imbécil —respondió Tobías.

1. Expresiones y léxico

ingresar: meter a un enfermo en un hospital para tratar su enfermedad.
concejal: persona que ocupa un cargo político en un Ayuntamiento.
fábrica química: empresa en la que se elaboran productos químicos.
concesión: permiso para que alguien haga algo.
contaminante: que causa daños o alteraciones en las cosas.
persuadir: convencer.
corrupto: persona que acepta dinero a cambio de favores.

2. Actividades de comprensión

— ¿Dónde había estado Tobías durante dos semanas?
— ¿Quiénes tuvieron una reunión durante su ausencia?
— ¿Qué se decidió en esa reunión?
— ¿Contra qué había estado siempre Tobías?
— ¿A qué podía afectar la fábrica química?
— ¿Qué consiguieron los que querían instalar la fábrica?
— ¿Cómo convencieron a algunos concejales?
— ¿Qué hizo Tobías cuando llegó al pueblo?
— ¿Qué dijo a todos los concejales?
— ¿Quién era Mariano?
— ¿Qué le dijo Mariano a Tobías?
— ¿Qué le respondió Tobías?

3. Temas para debate

— Contaminación y medio ambiente.
— Corrupción política.

50 ME ENCANTA OÍRLO

Tobías tenía, desde hacía muchos años, un enemigo **mortal**. Este enemigo era su vecino, Indalecio Ramos. Tobías y su vecino se pelearon cuando éste, durante la época en la que fue alcalde, utilizó todo su poder para **fastidiar** a Tobías siempre que podía. Harto ya de esta situación, Tobías decidió presentarse a alcalde y, para su sorpresa, ganó las elecciones, porque probablemente muchos del pueblo estaban también hartos de Ramos. Al día siguiente Tobías telefoneó a casa de Ramos. La criada cogió el teléfono:

—¿Puedo hablar con el señor Ramos, el anterior alcalde, por favor?

—El señor Ramos ha tenido un fuerte **disgusto** y está en la cama. ¿Quiere hablar con la señora?

—No, gracias —dijo Tobías, y colgó.

Al cabo de diez minutos volvió a llamar:

—¿Puedo hablar con el señor Ramos, el anterior alcalde, por favor?

—Lo lamento, el señor Ramos está enfermo, en la cama, a consecuencia de un disgusto. Pero puede llamar a la señora, si necesita algo.

—No, gracias.

Diez minutos más tarde, Tobías llamó de nuevo:

—¿Puedo hablar con el señor Ramos, el anterior alcalde, por favor?

Esta vez la criada reconoció la voz y dijo:

—Mire, ya le dije antes que el señor Ramos está enfermo, en la cama, por haber tenido un gran disgusto. Usted no puede hablar con él, es imposible. ¿Por qué insiste, si ya le he dicho que está enfermo? ¿Es que **acaso** se cree usted que me lo estoy inventando?

—No, si la creo —respondió Tobías—. Es que me encanta oírlo.

1. Expresiones y léxico

mortal: muy fuerte.
fastidiar: molestar a alguien, causarle daño.
disgusto: enfado.
acaso: tal vez, quizá.

2. Actividades de comprensión

— ¿Qué tenía Tobías desde hacía muchos años?
— ¿Quién era su enemigo mortal?
— ¿Cuándo se pelearon Tobías e Indalecio Ramos?
— ¿Para qué utilizó Ramos todo su poder de alcalde?
— ¿Qué decidió hacer Tobías?
— ¿Qué pasó, para sorpresa de Tobías?
— ¿A quién telefoneó Tobías?
— ¿Qué le dijo la criada del señor Ramos?
— ¿Qué hizo Tobías a los diez minutos de haber colgado?
— ¿Cuándo volvió a llamar Tobías a casa de Ramos?
— ¿Qué reconoció esta vez la criada?
— ¿Qué le contestó la criada, enfadada, a Tobías?
— ¿Por qué había llamado Tobías tantas veces?

3. Temas para debate

— Elecciones municipales.

GLOSARIO

A

abajo	(3)	below, down
abanico, el	(11)	fan
abrir	(2)	to open
aburrir	(33)	to bore
acaso	(13)	perhaps
acceder	(9)	to enter
aceptable	(12)	acceptable
aceptar	(25)	to accept
acercar(se)	(5)	to approach
acomodador/ra, el, la	(15)	usher
aconsejar	(42)	to inform
acordar(se)	(5)	to agree
acostumbrar(se)	(21)	to get used to
acudir	(21)	to come (to)
admirar	(8)	to admire
adornar	(22)	to decorate
advertir	(26)	to advise, warn
afectar	(49)	to affect
afecto, el	(38)	affection
afortunado/a	(33)	fortunate
afueras, las	(21)	outskirts
agencia, la	(40)	agency
agradecimiento, el	(18)	gratitude
agresivo/a	(19)	aggresive
agua, el	(22)	water
aguantar	(43)	to put up with
agujero, el	(44)	hole
ahora	(34)	now
ahorrar	(3)	to save
ahorro, el	(40)	saving
aislar	(22)	to isolate

alborotador/a, el, la	(2)	troublemaker
alborotar	(1)	to disturb, excite
alcalde, el	(43)	mayor
alegrar(se)	(14)	to be happy
alegría, la	(5)	joy
algo	(30)	something
alguno/a	(2)	some
alimentación, la	(24)	food
alivio, el	(23)	relief
alojar	(35)	to accommodate
alquiler, el	(24)	rent
alrededor	(3)	around
alternativamente	(8)	alternatively
alto/a	(22)	tall, high
alumno/a, el, la	(12)	student, pupil
amable	(38)	pleasant, friendly
amenazador/ra	(7)	threatening
amigo/a, el, la	(1)	friend
amor, el	(38)	love
amplio/a	(21)	wide, broad
anatomía, la	(27)	anatomy
anciano/a, el, la	(3)	old man/woman
andar	(15)	to walk
animado/a	(40)	lively
anotar	(41)	to note down
anterior	(47)	previous
antiguo/a	(8)	old, ancient
anunciar	(23)	to announce
anuncio, el	(20)	advert
año, el	(3)	year
aparcar	(32)	to park
aparecer	(7)	to appear
aparentemente	(6)	apparently

apartamento, el	(46)	apartment
apellido, el	(31)	surname
apoyar(se)	(8)	to rest/lean on
apreciar	(2)	to appreciate
aprender	(30)	to learn
aprobado/a	(17)	approved, passed
aprobar	(49)	to approve
aprovechar	(41)	to make the most of
apuesto/a	(14)	elegant
apuntar(se)	(23)	to sign up for
apuro, el	(35)	hardship, difficulty
arma, el	(8)	weapon
arreglar	(22)	to fix
arriba	(28)	up
artista, el	(6)	artist
asegurar	(37)	to ensure
asiento, el	(15)	seat
asignatura, la	(17)	subject
asistir	(16)	to attend
asno, el	(7)	donkey
asombrado/a	(2)	amazed
aspecto, el	(44)	aspect
aspirar	(42)	to aspire
astucia, la	(1)	cunning
asunto, el	(32)	matter
asustado/a	(7)	frightened
asustar(se)	(23)	to get scared
ataque, el	(10)	attack
atardecer	(45)	to get dark
atención, la	(12)	attention
atentamente	(4)	attentively
atraco, el	(19)	robbery, hold-up
atravesar	(34)	to cross
ausencia, la	(49)	absence, lack
autoescuela, la	(30)	driving school
automóvil, el	(24)	car, automobile
autoridad, la	(34)	authority
aventura, la	(18)	adventure
avergonzado/a	(43)	ashamed
avión, el	(35)	aeroplane
avisar	(32)	to warn
ayer	(6)	yesterday
ayuda, la	(16)	help
ayudar	(14)	to help
ayuntamiento, el	(13)	town hall

B

bailar	(2)	to dance
baile, el	(43)	dance
bajo/a	(38)	low, short
banco, el	(5)	bank
banda, la	(2)	gang, band
bañar(se)	(46)	to bathe
bañera, la	(28)	bath tub
baño, el	(28)	bathroom
bar, el	(14)	bar
barato/a	(24)	cheap
barra, la	(20)	bar
barriga, la	(46)	belly
bastante	(47)	enough, fairly
bastar	(31)	to be enough
bautizar(se)	(13)	to be baptised
beber	(1)	to drink
bello/a	(9)	beautiful
beso, el	(24)	kiss
bicicleta, la	(34)	bicycle
bien	(2)	good
bigote, el	(43)	moustache
billete, el	(35)	ticket
boca, la	(15)	mouth
boda, la	(9)	wedding
boletín, el	(12)	bulletin
bolígrafo, el	(38)	ball-point pen
bolsillo, el	(13)	pocket
bondadoso/a	(25)	kindly
bonito/a	(9)	nice
borracho/a	(4)	drunk
bote, el	(47)	can,
botella, la	(11)	bottle
brocha, la	(47)	brush
bromear	(46)	to joke
bueno/a	(1)	good
burlonamente	(7)	jokingly
buscar	(9)	to look for

C

caballeroso/a	(37)	gentlemanly
cabello, el	(30)	hair
cabeza, la	(37)	head

cadena, la	(34)	chain	
caer	(44)	to fall	
caja, la	(11)	box	
calefacción, la	(22)	heating	
caliente	(22)	hot	
calificación, la	(12)	mark	
callar	(12)	to be quiet	
calle, la	(5)	street	
calvo/a, el, la	(5)	bald man/woman	
cama, la	(3)	bed	
cámara fotográfica, la	(8)	camera	
camarero/a, el, la	(20)	waiter	
cambiar(se)	(5)	to get changed	
camión, el	(34)	lorry	
camiseta, la	(11)	T-shirt	
cansar(se)	(25)	to get tired	
cantidad, la	(23)	amount, quantity	
capataz, el	(47)	foreman	
capital, la	(31)	capital	
cara, la	(42)	face	
carácter, el	(4)	character	
cargado/a	(45)	loaded	
cariño, el	(22)	affection	
cariñoso/a	(38)	affectionate	
carnicero, el	(24)	butcher	
caro/a	(35)	expensive	
carrera, la	(9)	race	
carretera, la	(34)	road	
carta, la	(13)	letter, menu	
cartel, el	(2)	poster	
cartón, el	(18)	cardboard	
casa, la	(1)	house	
casado/a	(38)	married	
casamentero/a, el, la	(9)	matchmaker	
casar	(40)	to marry	
casarse	(9)	to get married	
castañuelas, las	(11)	castanets	
castigar	(43)	to punish	
castillo, el	(11)	castle	
casualidad, la	(20)	chance, coincidence	
catedrático/a, el, la	(27)	professor	
causar	(48)	to cause	
celebrar	(43)	to celebrate, hold	
cena, la	(37)	dinner	
cenar	(1)	to dine	

cenicero, el	(11)	ashtray	
centro, el	(22)	centre	
cerámica, la	(11)	pottery	
cerca	(26)	near, close	
cerdo, el	(25)	pig	
cerveza, la	(43)	beer	
cesta, la	(25)	basket	
chalet, el	(36)	chalet	
charlar	(7)	to chat	
chico/a, el, la	(2)	boy/girl	
chófer, el	(35)	driver	
científico/a, el, la	(27)	scientist	
ciertamente	(9)	certainly	
cine, el	(15)	cinema	
circo, el	(43)	circus	
cirujano plástico, el	(41)	plastic surgeon	
ciudad, la	(13)	city	
clase, la	(12)	class, classroom	
cliente, el	(11)	client, customer	
coche, el	(16)	car	
cocina, la	(23)	kitchen	
coger	(19)	to take	
colegio, el	(17)	school	
colgar	(20)	to hang	
comentario, el	(7)	comment	
comenzar	(4)	to begin	
comer	(15)	to eat	
comida, la	(38)	meal, food	
comisaría, la	(19)	police station	
comodidad, la	(22)	comfort, convenience	
cómodo/a	(1)	comfortable	
compañero/a, el, la	(1)	companion	
competencia, la	(6)	competition	
competir	(6)	to compete	
completo/a	(13)	complete	
compra, la	(37)	shopping	
comprar	(3)	to buy	
comprensivo/a	(21)	understanding	
comprobar	(20)	to check	
comprometer(se)	(9)	to commit oneself	
compuesto/a	(27)	comprising, consisting of	
comunicar	(13)	to communicate	
concejal, el	(49)	town councillor	
concesión, la	(49)	concession	

conducir	(15)	to drive
conductor, el	(47)	driver
confundir	(5)	to confuse
confuso/a	(44)	confused
conjuntamente	(46)	jointly, together
conmigo	(36)	with me
conocer	(9)	to know
conocido/a	(2)	known
conseguir	(3)	to achieve, get
consejo, el	(40)	council, advice
considerar	(17)	to consider
considerar(se)	(15)	to consider oneself
consistir	(33)	to consist
constantemente	(36)	constantly
construido/a	(8)	built
consulta, la	(48)	enquiry
contaminante	(49)	contaminating
contar	(1)	to tell
contener	(18)	to contain
contento/a	(9)	happy
contestar	(3)	to answer
contrario	(4)	opposite
contratar	(47)	to contract
convencer	(29)	to convince
convencido/a	(6)	convinced
conversación, la	(7)	conversation
correr	(1)	to run
correspondencia, la	(41)	correspondence
corrupto/a	(49)	corrupt
cortado/a	(34)	cut, shy
corto/a	(7)	short
cosa, la	(5)	thing
costa, la	(46)	coast
crecer	(35)	to grow
creer	(5)	to believe
criado/a, el, la	(29)	servant
cristal, el	(44)	glass
cuaderno, el	(9)	book
cuartel, el	(14)	barracks
cuarto, el	(21)	room
cuenta, la	(37)	account
cuerpo, el	(9)	body
cuesta, la	(45)	hill, slope
cuestión, la	(1)	question
cuidadoso/a	(33)	careful

cuidar	(3)	to look after, care for
cultura, la	(23)	culture
cumbre, la	(45)	summit, peak
cumpleaños, el	(24)	birthday
cumplir	(9)	to reach, fulfill
cuñado/a, el, la	(1)	brother/sister-in-law
cura, el	(13)	priest
curar(se)	(48)	to cure
curiosidad, la	(26)	curiosity
cursillo, el	(23)	short course
curso, el	(27)	course

D

daño, el	(41)	harm, damage
dar	(3)	to give
deber	(4)	to have to, to owe
débil	(3)	weak
decepción, la	(14)	disappointment
decidir	(1)	to decide
decir	(1)	to say, tell
decisión, la	(9)	decision
dedicar	(6)	to dedicate
defecto, el	(9)	defect
dejar	(2)	to leave, let
delante	(2)	in front (of)
delgado/a	(5)	thin, slim
demasiado/a	(9)	too much/many
demostrar	(4)	to show
departamento, el	(7)	department
deportes, los	(23)	sports
deportista, el	(17)	sportsman
derecho, el	(4)	right
derecho/a	(44)	straight
derrochar	(40)	to lavish, waste
derruido/a	(11)	demolished
desarrollo, el	(16)	development
descansar	(1)	to rest
descolgar	(37)	to unhook
desconfiado/a	(42)	distrustful
desconocido/a	(5)	unknown
desear	(9)	to desire
deseo, el	(9)	desire
desgracia, la	(1)	misfortune

desinflar	(34)	to deflate
desmostrar	(6)	to demonstrate
desnudo/a	(9)	naked
desprecio, el	(34)	contempt
detalle, el	(25)	detail
devolver	(14)	to return
día, el	(1)	day
diagnóstico, el	(48)	diagnosis
diariamente	(8)	daily
diferencia, la	(7)	difference
diferente	(11)	different
dinero, el	(1)	money
dirección, la	(17)	direction
directamente	(33)	directly
director/ra, el, la	(33)	director
dirigir(se)	(7)	to speak to
discoteca, la	(2)	discotheque
disculpar(se)	(43)	to apologise
disfraz, el	(43)	disguise
disfrazado/a	(43)	disguised
disfrutar	(15)	to enjoy
disgusto, el	(50)	misfortune
disponer(se)	(28)	to prepare (to)
dispuesto/a	(26)	ready
distinguido/a	(14)	distinguished
distinto/a	(13)	distinct, different
distraer(se)	(40)	to get distracted
divagación, la	(4)	digression
diverso/a	(23)	diverse
divisoria	(47)	divisory
docena, la	(11)	dozen
doctor/ra, el, la	(27)	doctor
dolido/a	(35)	hurt, aggrieved
dolor, el	(48)	pain
dormir	(22)	to sleep
dormitorio, el	(21)	bedroom
duda, la	(37)	doubt
dudar	(30)	to doubt
dueño/a, el, la	(20)	owner
durante	(3)	during

E

económico/a	(3)	economic/al
edad, la	(3)	age

edificio, el	(48)	building
editorial, la	(33)	publishing house
educación, la	(16)	education
educado/a	(9)	educated, polite
egoísta	(37)	selfish
ejecutivo, el	(36)	executive
ejercicio, el	(37)	exercise
elección, la	(50)	election
elegantemente	(36)	elegantly
elevado/a	(34)	high
empezar	(30)	to begin
empleado/a, el, la	(33)	employee
empleo, el	(47)	job
empresa, la	(20)	company
enamorar(se)	(14)	to fall in love
encajado/a	(34)	inserted
encantar	(21)	to charm, enchant
encargado/a, el, la	(47)	person in charge
encoger(se)	(8)	to shrink, cringe
encontrar(se)	(1)	to meet, be situated
enemigo, el	(50)	enemy
enemistad, la	(2)	enmity
enfadado/a	(3)	angry
enfermedad, la	(3)	illness
enfermera, la	(48)	nurse
enfermería, la	(28)	infirmary
enfermo/a, el, la	(3)	patient
enseguida	(45)	immediately
enseñar	(27)	to teach
entender(se)	(17)	to get on (with)
enterarse	(23)	to discover, learn
entonces	(3)	then
entrada, la	(2)	entry, entrance
entrar	(2)	to enter
entreabierta	(9)	half-open, ajar
entregar	(32)	to hand over, deliver
enviar	(24)	to send
envidia, la	(11)	envy
época, la	(13)	age
equipo, el	(2)	team
equivocar(se)	(37)	to make a mistake
escribir	(12)	to write
escritor, el	(6)	writer
escuchar	(4)	to listen
escuela, la	(12)	school

esfuerzo, el	(3)	effort	felicitar	(47)	to congratulate

esfuerzo, el	(3)	effort
espacioso/a	(21)	spatious
especialidad	(48)	speciality
especialista, el	(34)	specialist
espectador/ra, el, la	(15)	spectator
esperar	(10)	to wait, hope
espíritu, el	(16)	spirit
esposo/a, el, la	(3)	husband/wife
establecimiento, el	(11)	establishment
estación, la	(18)	station
estar	(1)	to be
estudiante, el	(27)	student
estudiar	(8)	to study
estupendamente	(32)	wonderfully
estúpido/a	(28)	stupid
evitar	(20)	to avoid
exacto/a	(27)	exact, precise
examen, el	(17)	exam
examinado/a	(27)	examiner
examinar	(48)	to examine
exclamar	(5)	to exclaim
exigir	(9)	to demand
existir	(2)	to exist
éxito, el	(43)	success
experiencia, la	(40)	experience
explicación, la	(48)	explanation
explicar	(38)	to explain
extranjero/a	(8)	foreigner
extrañar(se)	(25)	to be surprised
extraordinario/a	(45)	extraordinary

F

fábrica, la	(24)	factory
fácil	(34)	easy
facultad, la	(27)	faculty
fallar	(38)	to fail, decide
falsificar	(41)	to forge, fake
familia, la	(3)	family
familiares,los	(1)	relatives
famoso/a	(27)	famous
fantástico/a	(9)	fantastic
fastidiar	(50)	to annoy, disrupt
fecha, la	(9)	date

felicitar	(47)	to congratulate
feliz	(30)	happy
fiesta, la	(2)	party
figurilla, la	(11)	small figure
fijar(se)	(9)	to fix
fin, el	(43)	end
final	(12)	final
finalmente	(8)	finally
fino/a	(5)	thin
físico/a	(41)	physical
flor, la	(22)	flower
forastero/a, el, la	(46)	stranger
fortuna, la	(9)	luck, fortune
fotografía, la	(14)	photograph
frecuencia, la	(9)	frequency
fregar	(38)	to scrub, wash up
fuerte	(26)	strong
fuerza, la	(47)	strength
fumar	(1)	to smoke
función, la	(27)	function
furioso/a	(12)	furious

G

gafas,las	(13)	glasses
ganar	(24)	to earn
gastar(se)	(37)	to become worn
gasto, el	(24)	expense
general	(48)	general
generoso/a	(25)	generous
gente, la	(7)	people
gesto, el	(45)	gesture
gimnasia, la	(17)	gymnasium
gordo/a	(5)	fat
gorila, el	(43)	gorilla
gorra, la	(11)	cap
gracias,las	(24)	thanks
gracioso/a	(7)	gracious
grande	(9)	large, big
granja, la	(18)	farm
grave	(10)	serious
gritar	(3)	to shout
grueso/a	(22)	thick
grupo, el	(34)	group

guapo/a   (9)   handsome/pretty
gustar   (9)   to like

H

haber   (1)   to have
habilidad, la   (30) skill, ability
habitación, la   (3)   bedroom
habitante, el   (16) inhabitant
hablar   (20) to speak
hacer   (1)   to do, make
harto/a   (22) fed up
heladería, la   (2)   ice cream shop
helado, el   (2)   ice cream
heredar   (22) to inherit
herida, la   (4)   wound
hermano/a, el, la (37) brother/sister
hermoso/a   (9)   beautiful
hijo/a, el, la   (3)   son, daughter
hombre, el   (5)   man
hombro, el   (8)   shoulder
honrado/a   (25) honourable
hora, la   (27) hour
hospital, el   (49) hospital
hotel, el   (32) hotel
hueso, el   (27) bone
humorístico/a   (7)   funny

I

idea, la   (11) idea
iglesia, la   (11) church
igual   (33) equal
ilusión, la   (44) illusion
imaginar(se)   (31) to imagine
imbécil, el   (49) idiot
imperdonable   (2)   unforgiveable
importación, la   (32) import
importante   (33) important
importar   (10) to import
imposible   (4)   impossible
incendio, el   (15) fire
incluir   (14) to include
incluso   (2)   even

increíble   (38) incredible
indignado/a   (49) unworthy
indignar(se)   (9)   to get indignant
indisciplinado/a (33) undisciplined
individual   (21) individual
individuo, el   (19) individual
infancia, la   (36) childhood
información, la   (9)   information
informar   (41) to inform
infracción, la   (43) infringement
ingeniero, el   (34) engineer
ingresado/a   (49) admitted
inmediato/a   (9)   immediate
inquieto/a   (8)   restless
inquisitivo/a   (12) inquisitive
insistencia, la   (30) insistence
insistir   (9)   to insist
instalar   (49) to install
instante, el   (26) instant
instituto, el   (21) institute
instrucción, la   (44) instruction
instructor, el   (30) instructor
intelectual   (44) intellectual
intentar   (26) to try
intento, el   (34) attempt
interés, el   (11) interest
interior, el   (16) interior
internacional   (36) international
interrumpido/a   (34) interrupted
interrumpir   (5)   to interrupt
interesado/a   (7)   interested
intrigado/a   (45) intrigued
inútil   (34) useless
inventar   (50) to invent
invitar   (1)   to invite
ir   (1)   to go
ira, la   (3)   rage
isla, la   (40) island
izquierdo/a   (44) left

J

jactarse   (46) to boast
jardín, el   (8)   garden
jefe, el   (20) boss

joven, el, la	(2)	young man/woman	
jovial	(33)	cheerful	
juego, el	(36)	game	
juez/za, el, la	(4)	judge	
jugar	(1)	to play	
juicio, el	(4)	court case	
juntos/as	(21)	together	
justo/a	(36)	fair	

L

lado, el	(18)	side
lágrima, la	(44)	tear
lamentablemente	(14)	unfortunately
lamentar	(37)	to regret
largo/a	(7)	long
lata, la	(47)	tin, can
leal	(33)	loyal
lección, la	(30)	lesson
lechero, el	(24)	milkman
leer	(1)	to read
lejos	(45)	far
lengua, la	(8)	tongue
levantar(se)	(28)	to get/stand up
liberal	(21)	liberal
libro, el	(1)	book
ligar	(46)	to link, tie
linaje, el	(9)	lineage
línea, la	(47)	line
linterna, la	(15)	lantern, lamp
lista, la	(13)	list
listo/a	(12)	ready, clever
llamada, la	(36)	call
llamar	(4)	to call
llave, la	(32)	key
llegar	(11)	to arrive
lleno/a	(1)	full
llevar	(12)	to take
llorar	(44)	to cry
local, el	(11)	premises
loco/a, el, la	(9)	mad
locura, la	(10)	madness
loma, la	(45)	hillock
luchar	(3)	to fight
luego	(45)	then

lugar, el	(2)	place
lujo, el	(32)	luxury
lujoso/a	(32)	luxurious

M

madre, la	(9)	mother
madrugada, la	(37)	early morning
maestro/ra, el, la	(12)	teacher
magnífico/a	(36)	magnificent
mal	(37)	bad
maldito/a	(48)	damned
malísimo/a	(17)	terrible
mandar	(14)	to order, send
mano, la	(15)	hand
mantener	(7)	to maintain
manuscrito, el	(6)	manuscript
manzana, la	(25)	apple
mañana, la	(8)	morning
mar, el	(46)	sea
maravillado/a	(47)	amazed
marcar	(37)	to dial
marido, el	(29)	husband
marina, la	(28)	navy
mascar	(15)	to chew
matar	(19)	to kill
material, el	(22)	material
matricularse	(27)	to register
mayor	(13)	greater
mayoría, la	(49)	majority
mediano/a	(8)	middle, average
medicina, la	(27)	medicine
médico, el	(16)	doctor
medieval	(11)	medieval
mejor	(1)	better
mejorar	(3)	to improve
melena, la	(5)	long hair
memoria, la	(38)	memory
menos	(41)	less
mensaje, el	(18)	message
mente, la	(12)	mind
mentir	(33)	to lie
merendar	(1)	to have a snack
mes, el	(24)	month
meter	(33)	to put in

miedo, el	(45)	fear	
mientras	(24)	while	
militar, el	(13)	soldier	
millón, el	(24)	million	
minuto, el	(26)	minute	
mirar	(8)	to look at	
misionero/a, el, la	(16)	missionary	
mismo/a	(21)	same	
moda, la	(11)	fashion	
modelo, el	(14)	model	
moderno/a	(22)	modern	
moler	(12)	to grind, crush, chew	
molestar	(1)	to bother, annoy	
molesto/a	(2)	annoyed	
momento, el	(5)	moment	
moneda, la	(13)	coin	
montaña, la	(34)	mountain	
montar	(32)	to ride, get on	
montón, el	(19)	heap, pile	
monumento, el	(11)	monument	
moribundo, el	(3)	dying person	
mortal	(3)	mortal, deadly	
motivo, el	(2)	motive	
mover(se)	(8)	to move about	
mozo/a, el, la	(2)	young boy/girl	
muchacho/a, el, la	(39)	boy/girl	
mucho/a	(3)	much, many	
mudar(se)	(22)	to move (house)	
muerte, la	(29)	death	
mujer, la	(4)	woman	
multa, la	(43)	fine, penalty	
multitud, la	(11)	crowd	
mundo, el	(6)	world	
muñeca, la	(11)	doll	
músculo, el	(27)	muscle	
museo, el	(8)	museum	
música, la	(2)	music	
mutuamente	(6)	mutually	

N

nacer	(13)	to be born	
nacimiento, el	(13)	birth	
nadie	(1)	nobody	
nariz, la	(9)	nose	

naturaleza, la	(23)	nature	
naturalmente	(19)	naturally	
necesario/a	(29)	necessary	
necesidad, la	(25)	need	
necesitar	(9)	to need	
negar(se)	(33)	to refuse (to)	
negocio, el	(32)	business	
negro/a	(19)	black	
nervioso/a	(7)	nervous	
neumático, el	(34)	tyre	
ningún	(1)	no, none, nobody	
ninguno/a	(7)	no, none, nobody	
noche, la	(17)	night	
nombre, el	(5)	name	
normal	(47)	normal	
nota, la	(12)	note	
noticia, la	(31)	news	
novela, la	(6)	novel	
novio/a, el, la	(9)	boy/girlfriend	
nuevo/a	(4)	new	

O

obeceder	(12)	to obey	
objeción, la	(25)	objection	
obra, la	(47)	work	
observación, la	(12)	observation	
observar	(30)	to observe	
obtener	(12)	to obtain	
ocasión, la	(6)	occasion	
oculista, el	(44)	oculist, optician	
ocupación, la	(11)	occupation	
ocupar	(20)	to occupy	
ocurrir	(2)	to happen, occur	
odiar(se)	(6)	to hate (one another)	
ofender	(30)	to offend	
oficina, la	(13)	office	
oficinista, el, la	(13)	office worker	
oficio, el	(6)	profession	
ofrecer	(32)	to offer	
oír	(5)	to hear	
ojo, el	(19)	eye	
olvidar	(24)	to forget	
oral	(27)	oral	
orden, la	(28)	order	

ordenar	(28) to order	peligro, el	(16) danger
organizar	(2) to organise	peligroso/a	(15) dangerous
órgano, el	(27) organ	pelo, el	(19) hair
orgulloso/a	(3) proud	pensar	(5) to think
original	(43) original	pequeño/a	(3) small
orinar	(43) to urinate	perder	(33) to lose
oro, el	(36) gold	perdonar	(5) to forgive
		periódico, el	(5) newspaper
		periodista, el	(31) journalist

P

		permiso, el	(4) permission
		permitir	(2) to permit
paciente	(38) patient	perro, el	(42) dog
padre, el	(3) father	persona, la	(2) person
pagar	(24) to pay	personal, el	(20) staff
país, el	(7) country	persuadir	(49) to persuade
paisano/a, el, la	(2) of the same region, peasant	pertenecer	(9) to belong
palabra, la	(30) word	pesar	(5) to weigh
palacio, el	(8) palace	pie, el	(15) foot
paliza, la	(17) beating	pierna, la	(8) leg
palo, el	(12) stick	pintar	(47) to paint
palomitas de maíz	(15) popcorn	pintura, la	(47) painting
pan, el	(38) bread	pipa, la	(1) pipe
panadero, el	(24) baker	piso, el	(3) flat
pantalón, el	(8) trousers	planear	(9) to plan
papel, el	(13) paper	planta, la	(22) plant
paquete, el	(14) package	playa, la	(46) beach
paraíso, el	(9) heaven, paradise	plaza, la	(8) square
parecer	(2) to look like, seem	poblado, el	(16) town
parecido/a	(23) similar	pobre, el	(1) poor man
pared, la	(22) wall	poco/a	(34) little, few
pareja, la	(46) couple	poder	(4) to be able
pariente, el	(1) relative	poder, el	(50) power
parte, la	(11) part	policía, el, la	(7) policeman/woman
partida, la	(13) certificate	político/a, el, la	(7) politician
pasado/a	(20) past	pollo, el	(18) chicken
pasajero/a, el, la	(7) passenger	poner(se) enfermo	(3) to fall ill
pasar	(2) to pass	posibilidad, la	(40) possibility
pasear	(21) to go for a walk	posición, la	(3) position
paso, el	(17) passage	posteriormente	(29) later, subsequently
patio, el	(22) patio	práctica, la	(30) practice
pedir	(1) to ask (for)	practicar	(30) to practise
pegar	(4) to hit, stick	precio, el	(42) price
pelea, la	(22) fight	precioso/a	(40) precious
pelear(se)	(4) to fight	precisamente	(48) precisely
película, la	(15) film	preferido/a	(46) preferred

pregunta, la	(4)	question				

pregunta, la   (4)   question
preguntar   (3)   to ask a question
premio, el   (43)   prize
preocupar(se)   (3)   to worry
preparar   (28)   to prepare
presentar(se)   (10)   to present oneself
presente   (7)   present
prestar   (1)   to lend
pretexto, el   (2)   pretext
primer   (3)   first
primer/o/a, el, la   (27)   the first
primo/a, el, la   (35)   cousin
prisa, la   (17)   hurry
probablemente   (50)   probably
probar   (2)   to try, test
problema, el   (1)   problem
procedencia, la   (40)   origin
profesión, la   (42)   profession
profesor/ra, el, la   (27)   teacher
progreso, el   (30)   progress
prohibir   (2)   to prohibit
prometer   (34)   to promise
propiedad, la   (36)   property
propietario, el   (24)   owner
propina, la   (32)   tip
propio/a   (21)   own
provincia, la   (36)   province
próximo/a   (2)   next
prueba, la   (48)   test
publicar   (31)   to publish
pueblo, el   (2)   town
puerta, la   (2)   door
puesto, el   (20)   post

Q

quedar(se)   (1)   to remain, stay
quemar   (6)   to burn
querer   (4)   to want
querido/a   (3)   dear
química, la   (49)   chemistry
quitar(se)   (37)   to take off
quizás   (10)   perhaps

R

radiante   (42)   radiant
rápido/a   (4)   fast
raro/a   (23)   strange
rascar(se)   (37)   to scratch
rato, el   (20)   a while, time
razón, la   (14)   reason
reaccionar   (8)   to react
realidad   (41)   reality
realizado/a   (17)   realised
realizar   (16)   to realise
realmente   (19)   really
rechazar   (25)   to reject
recibir   (13)   to receive
recoger   (14)   to collect, pick up
recomendación, la   (33)   recommendation
recomendar   (40)   to recommend
reconocer   (6)   to recognise
recordar   (14)   to remember
recuerdo, el   (11)   memory
recuperar   (18)   to recover
recurso, el   (33)   resource
referir(se)   (5)   to refer to
reflexión, la   (33)   reflection
refresco, el   (15)   soft drink
regalo, el   (24)   present
regularmente   (24)   regularly
reír   (13)   to laugh
relación, la   (13)   relationship
religioso/a   (16)   religious
rellenar   (13)   to fill
reloj, el   (36)   watch
remedio, el   (37)   remedy
repetir   (8)   to repeat
réplica, la   (15)   answer
replicar   (9)   to answer
requisito, el   (9)   requirement
resignado/a   (48)   resigned
resolver   (32)   to resolve
resoplar   (45)   to snort
responder   (4)   to respond
responsable, el   (19)   person responsible
restablecer   (34)   to reestablish
resultado   (1)   result

resultar	(4)	to result	
reunión, la	(23)	meeting	
reunir	(3)	to meet	
rey, el	(8)	king	
rico/a	(1)	rich	
río, el	(31)	river	
rivalidad, la	(2)	rivalry	
robar	(16)	to steal	
rodeado/a	(21)	surrounded	
rodilla, la	(48)	knee	
romper	(18)	to break	
ronco/a	(5)	hoarse	
ropa, la	(24)	clothes	
rutinario/a	(33)	routine, ordinary	

S

saber	(6)	to know	
sacar	(13)	to take out	
sacerdote, el	(29)	priest	
saco, el	(45)	bag	
sal, la	(38)	salt	
sala, la	(15)	hall	
salario, el	(24)	salary, wage	
salir(se)	(8)	to escape, get out	
salón, el	(8)	living room	
saltar	(17)	to jump	
saludar	(21)	to greet	
salvar	(29)	to save	
sancionado/a	(4)	sanctioned	
sanidad, la	(16)	health	
sargento, el	(28)	sergeant	
satisfecho/a	(45)	satisfied	
secamente	(44)	drily, sharply	
seguir	(5)	to follow	
segundo/a	(1)	second	
seguro/a	(20)	sure, safe	
selva, la	(16)	jungle	
semana, la	(9)	week	
seminario, el	(29)	seminary	
sencillo/a	(29)	simple	
sentar(se)	(5)	to sit down	
sentir(se)	(11)	to feel	

señor/ra, el, la	(5)	gentleman/lady	
ser capaz	(41)	to be able to	
ser	(3)	to be	
serio/a	(9)	serious	
servicio, el	(8)	toilet	
servir	(4)	to serve	
severidad, la	(4)	seriousness	
siempre	(1)	always	
siglo, el	(8)	century	
significar	(15)	to mean	
siguiente	(9)	next, following	
silencio, el	(20)	silence	
sillón, el	(1)	armchair	
simpático/a	(33)	pleasant, friendly	
simple	(4)	simple	
sincero/a	(25)	sincere, honest	
sitio, el	(2)	place	
situación, la	(7)	situation	
situado/a	(21)	located, placed	
sobrino/a, el, la	(1)	nephew/niece	
sociable	(12)	sociable	
socio, el	(2)	partner	
soldado, el	(14)	soldier	
soleado/a	(22)	sunny	
soler	(6)	to usually do	
solo/a	(4)	alone	
solución, la	(34)	solution	
sombrero, el	(11)	hat	
sonar	(37)	to sound	
sonreír	(19)	to smile	
sorprendido/a	(6)	surprised	
sorpresa, la	(50)	surprise	
subdesarrollado/a	(16)	underdeveloped	
subir	(21)	to go up	
sucesor, el	(3)	successor	
suelo, el	(45)	ground, soil	
suficiente	(3)	sufficient, enough	
sufrir	(14)	to suffer	
superior	(3)	superior, higher	
superioridad, la	(6)	superiority	
suponer	(32)	to suppose	
surgir	(2)	to arise	
suspenso, el	(17)	suspense	
suspiro, el	(23)	sigh	

T

taburete, el	(44)	stool
tamaño, el	(34)	size
tampoco	(10)	neither
tanto/a	(13)	so much/many
tapar(se)	(44)	to cover (oneself)
taquilla, la	(26)	ticket office
taquillera, la	(26)	ticket clerk
tarde, la	(1)	afternoon
tarta, la	(38)	cake
techo, el	(22)	roof
telefonear	(50)	to telephone
teléfono, el	(20)	telephone
telegrama, el	(24)	telegram
tema, el	(9)	subject
temer	(3)	to fear
tener	(5)	to have
teología, la	(29)	theology
tercero/a	(3)	third
terminar	(4)	to finish
tertulia, la	(1)	gathering
testigo, el	(4)	witness
texto, el	(19)	text
tiempo, el	(5)	time
tienda, la	(3)	shop
tierra, la	(4)	land
tío/a, el, la	(1)	uncle/aunt
típico/a	(11)	typical
tipo, el	(10)	man
tocar	(48)	to touch
todo/a	(3)	all, every
tono, el	(7)	tone
tonto/a	(49)	stupid
trabajar	(2)	to work
trabajo, el	(3)	work
traer	(32)	to bring
tráfico, el	(34)	traffic
tragedia, la	(6)	tragedy
traje típico, el	(11)	traditional garment
traje, el	(29)	suit, dress
tranquilizar	(23)	to calm
tranquilo/a	(1)	calm, quiet
trasero/a	(1)	rear
tratar	(34)	to treat
trayecto, el	(18)	route, way, journey
tren, el	(7)	train
tribunal, el	(4)	court
trompeta, la	(48)	trumpet
truco, el	(34)	trick
túnel, el	(34)	tunnel
turismo, el	(11)	tourism
turista, el	(8)	tourist
turístico/a	(46)	touristic

U

último/a, el	(6)	last
ultramarinos	(3)	groceries
único/a	(17)	unique, single
urbanización, la	(21)	urbanization
urgentemente	(29)	urgently
usar	(20)	to use
utilizar	(50)	to use

V

vacaciones, las	(23)	holidays
vago/a	(9)	lazy
varios/as	(9)	various
vecino/a, el, la	(2)	neighbour
vehículo, el	(30)	vehicle
vender	(26)	to sell
venir	(1)	to come
ventaja, la	(31)	advantage
ventanilla, la	(13)	small window
ver	(1)	to see
verano, el	(23)	summer
verdad, la	(11)	truth
vestíbulo, el	(32)	hallway
vestido/a	(11)	dress
vestir(se)	(28)	to get dressed
vez, la	(5)	time
viajar	(16)	to travel
viaje, el	(7)	trip, journey
vida, la	(1)	life
viejo/a	(29)	old
vigilar	(15)	to watch over
vino, el	(1)	wine
visión, la	(44)	vision

visita, la	(2)	visit
visitar	(1)	to visit
viudo/a, el, la	(40)	widower/widow
vivienda, la	(24)	property, building
vivir	(8)	to live
volver(se)	(1)	to become
voz, la	(3)	voice
vuelta, la	(30)	return

Y

yacer	(3)	to lie

Z

zapato, el	(15)	shoe

ESPAÑOL GRADUAL

Nuevas narraciones españolas 1
Nivel elemental

Nuevas narraciones españolas 2
Nivel medio

Nuevas narraciones españolas 3
Nivel avanzado

Nuevas narraciones españolas 4
Nivel superior

Trailfinders

020 7628 7628

Heath 1st sept & 17th

lon 6:20
mad 9:40

Jm £ 600 3rd CABGR3A
M £ 800 3rd CABGR3A

mad 12:15
Bog 15 25

Bog 1900 1955
mad 1955

D.? Medellin

mss 1st out
med 13·05
Bog 13 55
Bog 17 00
mad 9·50
mad 14·30S
lon 14·05

Seb 4tt 8id